U0605234

法律进化论

禁忌与法律

法律進化論・タブーと法律

[日] 穗积陈重 著

曾玉婷 译

中国法制出版社

CHINA LEGAL PUBLISHING HOUSE

作者简介　　穗积陈重（1855—1926年），日本近代法律的主要奠基人，《日本民法典》的主要起草人，明治、大正时期著名法学家、政治家。先后就读于日本东京帝国大学、英国伦敦大学、德国柏林洪堡大学。1881年学成回国，入东京大学法学部担任讲师，在日本历史上第一次开设"法理学"课程。次年2月，升任教授兼法学部部长。1890年入选日本贵族院议员，1915年被授予"男爵"称号，1917年担任日本学术界最高地位的学士院院长一职，1925年出任枢密院议长，主要代表作:《法律进化论》《复仇与法律》《法窗夜话》《续法窗夜话》《法典论》《隐居论》《五人组制度论》《实名敬避俗研究》《祖先崇拜与日本法》等。

译者简介　　曾玉婷，厦门大学嘉庚学院日本语言与文化学院副教授，大连外国语学院日本语言文学学士，上海外国语大学日本语言文学硕士，日本语能力考试一级、日语专业八级、上海市日语口译资格证书，研究兴趣为中日法律文化比较研究、翻译理论与实践。迄今，出版译著5部，代表性作品包括：《法窗夜话》（法律出版2015年版）、《续法窗夜话》（法律出版社2017年版）、《法官因何错判》（法律出版社2019年版）。

序

父亲穗积陈重逝世已十月有余，如今其遗著《法律进化论》第三册得以出版，内心悲喜之情，无以复加。

难忘大正十四年十月里的一天，彼时父亲刚接任枢密院议长之职不过两三日，我无意间步入父亲的书斋，发现书桌上多了一架小"屏风"。"屏风"上嵌有一张色纸，上有父亲亲笔所题之字，顶端正中为"座右铭"三字，正下方写着"By always thinking unto them"，右下角则是"Sir Isaac Newton"。我颇为不解，父亲一如往常将其来龙去脉为我娓娓道来。如今虽不能尽述当日谈话之内容，然其要点如下：

有人问牛顿："先生为何能接连有所发现？"牛顿答曰："惟常思之。"余读之而深有共鸣。余五十年来常思法律进化论，然五十年之所思，所得不过六卷十二册计划中区区一卷二册之问世，实在愧对先哲。虽说如此，余却也时时记挂着研究著述，日夜不敢忘，此番心情，不逊牛顿，故也无须特意书之以为座右铭。然此次天降

1

大任于不才之躯，余当尽微力以报皇恩，同时亦不愿忘却研究著述之素志，思绪万千，遂将牛顿此语置于眼前以自励。

父亲心中有所感，之后虽公务缠身，却也日日潜心研究、伏案著书。父亲素来早起，时常于晨光中埋头写稿，并谓之"饭前之工作"。父亲亦常叨念着：今早写了两页，今天写了三页。倘若有一日竟完成了四五页，则终日欣欣然也。《法律进化论》第三册之书稿，便是如此徐徐而成。

然而，翌年的大正十五年，春意尚浅的四月初，一场令人掉以轻心之微疾，竟使父亲卧床数日后病逝。父亲无法充分尽职，其遗憾自不待言，而完稿在即之《法律进化论》第三册，则令父亲抱恨黄泉。现书稿中有一章题为《禁忌与婚姻》，旁人阅之已觉不错，而父亲一向治学严谨，犹觉不足，卧病在床，却侧卧持稿反复阅读。后被医生制止，便命幺女市河晴子于枕畔读稿，自己则手持红笔听稿，若听到不妥之处，便标注记号，复使之读。父亲便是在如此状态下病情骤变。父亲在意识模糊之时，还频繁做出握笔写稿的手势。父亲是在执笔《法律进化论》第三册时辞世，正应了"死而后已"之古话，然而未完之稿却永成遗憾。

上述之情形，使我们在父亲去世瞬间，便在心中立誓，至

序

少要将《法律进化论》第三册整理问世。完成此工作本是我的分内之责，然而主动分担甚至是全部承担之人，却是植木直一郎君。植木君十三年来一直是父亲著述的左膀右臂，尤其《法律进化论》之出版事宜，最初便是植木君亲自操办，因此在第三册的编辑出版上，从遗稿的整理排列、到印刷的指挥校对、目录索引的编排等，事无巨细，皆得到植木君之照料。只因著者已去，出版一事越发困难，书稿整理完毕后，我通读最终校对稿，每当遇到接续不甚流畅、措辞不甚明确之处，不免心生疑问：该当如何接续？此处是何意义？然而解答之人已不在，事到如今，不禁悲从心来，而植木君应当感触更深。虽有万难，然《法律进化论》第三册如今终归成形，父亲执笔至最后一刻的书稿得以付梓，皆有赖于植木君之功劳，我铭感不忘，而父亲亦可含笑九泉。

法律进化论第三册内容为第一部法原论中卷原质论前篇。而且著者将原质论的第一篇定为信仰规范篇，其计划应为先阐述禁忌、后论述祭祖与图腾，然而唯独《禁忌与法律》得以完成，故将其作为第三册。此部的书稿前半部分内容可谓齐备，然而本论第二章文末处有若丁尚需修补之处。第三章《禁忌与婚姻》之内容，上文已有所提及，著者最终仍未十分满意。至于第四章《禁忌与财产权》、第五章《禁忌与刑法》的两章内容，则是将纪念土方教授在职二十五年私法论集中所载之《禁

3

忌与法律》一文中相对应之内容加以若干修订而已。尤其第五章，更是零星段落之排列。虽不无遗憾，然阴阳相隔，亦无他法。第四章以下内容及附录之头注，乃编者所附。

　　著者原计划将大正八年二月发表于帝国学士院第一部论文集邦文第二号之《名讳之疑》收录为本书附录，然而不久后该论文更名为《实名敬避俗研究》，以单行本形式再版。该书尚在印刷中，父亲却病逝，两月之后，该书问世。因此，本书便将纪念土方教授在职二十五年私法论集中所载之《禁忌与法律》收为附录。平心而论，《名讳之疑》乃本书部分内容之详论，作为附录最恰当不过，而旧版《禁忌与法律》则与本书有大量重合。然而观旧稿之前半内容，可知著者如何修改、扩充旧稿，可得对照之趣，而后半内容中，若干处旧稿之文可作填补新稿不足之用。况且如今已难寻刊载旧稿之论文集或刊物，因此收为附录亦有旧著再版之意。

　　（中略）《法律进化论》整体计划已在本书序言中提及，却是前途未卜。第一部法原论中的原质论后篇及原力论、第二部法势论中的发达论、继受论及统一论皆残缺，父亲手头虽尚存遗稿，却到底难以归类以延续该宏大计划。故万分遗憾，《法律进化论》只得断至第三册，我将逐步整理《法律进化论》之遗稿，以《法律进化论丛》之总称，以单行本形式顺次发行。

　　关于本书本册之刊行，此处必为特笔之处，乃穗积奖学财

序

团为本书支付出版费用。从本书的第一册第二册起，父亲主要
著书的出版，皆由财团负担，父亲对财团内诸位捐赠者及理事、
评议员诸氏心怀莫大感激之情。直至父亲殁后，幸得理事山田
三良先生及志田钾太郎先生的尽心尽力，以及故旧各方的同情，
财团之资产倍增，使我得以第一时间出版本册，完成父亲的遗
志，实为望外之幸。父亲于本书第一册序文中曾自喜，"能以学
者之名身处如此温暖友情之氛围中，何等幸运"，如今又可以学
者之名在如此温暖友情之氛围中安心瞑目，诚乃对亡父无上之
追善，对我等遗族绝大之安慰，令人无以为报。父亲在序文中
曾写有"无尽莫大之谢意"一句，我借此机会，代表父亲与遗
族，再次表达无尽莫大之感谢。

穂积重远

昭和二年一月

绪　言

余研究法现象进化之理法，将其大致分为法原论及法势论二部，法原论又细分为原形论、原质论及原力论三部，法势论则细分为发达论、继受论及统一论三部，并逐一论述。

第一部法原论中，原形论探究的是法律发生于何种形态，原质论探究的是何种规范为法律之本质，原力论探究的是何种社会力如何成为法律。第二部法势论中，发达论论述的是法之内因性进化，即基于人种、民性、地势、政体、宗教、德教、舆论等自发存在于法境中的原因而产生的法之进化；继受论论述的是法之外因性进化，即因与外民接触而引发的外法之模仿、采纳，以及外国学说对立法、审判的影响；统一论论述的是法之世界性进化，即法随文化进步而常带有世界化倾向，各国国民终将受本国特有法与世界通用法支配。

本书本卷属于法律进化论第一部法原论体系之原质论，就法之原质之三大统制力，即信仰规范、德义规范、习俗规范，依次论述其法化。信仰规范中，择其最重要者论之，首先论述禁忌之原始消极规范的法化，其次论述祭祖与图腾，最后则论

述宗教与法律之关系。德义规范中，先论礼之法化，后论道德
与法律之关系。习俗规范中，则论述习惯之法化，以各种习惯
论证之。

目录
CONTENTS

第一编

原质论

法律并非突发偶成的社会现象。法之成立，必有其由来，或是社会生活的新需要促使新法规发生，或因社会的政治机能发达，使公权力加入既存的社会规范，从而享有法性。促使新法规发生之社会原因，便是法之原力；因公权力之附加而享有法性的既存社会规范，便是法之原质。

　　作为法之原质的社会规范，或因民众的超自然力信仰而形成，或基于德义观念而被设定，或因社会生活状态所生的惯例而渐成。因此，作为法之原质的规范，可分为信仰规范、德义规范以及习俗规范三种。例如，君主之躯不可触、不可观、不可近，此乃信仰规范。父母死时居丧举哀，此乃德义规范。夫妇限于一夫一妻，或一夫数妻、数夫一妻，此乃习俗规范。信仰规范，依对超自然力之崇敬或恐惧而维持；德义规范，依廉耻之心而维持；习俗规范依群众心理而维持。因此，此等三类规范，均通过每个服从者的精神强制力而得以执行，可谓自动

3

执行的主观制裁而已。

然而，上述三种社会规范随共同生活之发达，渐次由主观进化为客观，由自动转变为他动。一般来说，人类在共同生活中，会忌讳信仰相异者或相信自己不信之事者，会憎恶道德观念相异者或做自己厌恶之事者，会厌烦不与自己共行公众所为之事者，这些皆为人之常情。同类意识之欠缺，常招致同社会成员的反感，于是，对于异教徒、悖德者、背俗者之辈，或叱责、或污辱、或绝交、或放逐，甚至滥加殴打、杀戮之私刑。因此，此等社会规范违反者，除却承受内在的精神强制力外，还会遭受他人报复，此举纵然无法令缺少信仰心、廉耻心、顺应性之人生成精神强制力，但至客观社会制裁出现之时，便会因对其恐惧而被迫产生精神强制力。

社会文化稍有发展后，继咒师、药师、巫师等原始信仰主导者之后，巫祝、预言者、教主、宗祖等人纷纷出现，基于信仰的行为规范逐渐概念化，成为神嘱、预言、戒律、教义、宗规等形式。民众之智性大为发展，哲人辈出，圣贤频现，至此，基于原始德义观念的行为规范逐渐教义化，成为格言、箴言、圣训、圣经等德教。由于社会生活之需要有共通点，又或因效仿等其他原因，民众思想渐趋一致，于是多数民众多年连续做同一行为，其连续的习惯便成为民俗。故此后，信仰规范、德义规范、习俗规范分别造就了宗教规范之形态、德教规范之形态、习惯规范之形态。例如，最初作为禁忌之杀害、盗窃、奸淫等，其后成为了佛教五戒、摩西十戒等抽象的宗规形态，进而又成为了婆罗门教的法经（Dharmasutra）和法论（Dharmasastra），佛教的大小乘诸经、伊斯兰教的《古兰经》、拜火教的《阿维斯陀》、基督教的《圣经》等宗教规范之基本经典。此外，最初，民众行善，则人人赞赏，作恶，则人人排斥，此番行为后经孔子、苏格拉底等圣人传授于徒弟、宣教于公众，后人便记其言行，作出《论语》等德教规范之经典。最初民众交际之时，人人言谈举止恭敬、谨慎，后周公、叔孙通等圣贤出而制定礼仪，始有《周礼》《仪礼》《礼记》等德教规范之礼典。民众因共同的生活需要，以及效仿等原因，多年来形成同一行为的习俗，随后耆老记忆之，至有文字时，往往以笔记之，遂成掌故、典例之记录，又进而有学者私下辑录惯例，或掌权者命人编纂，法国之《习惯例典》（Coutumes）便是其中著名一例。尤其是欧洲的商法，发展自地中海、北海、波罗的海等沿岸城市的商人贸易习惯，最初的《罗德海法》（Lex Rhodiorum）、《康索拉多海法》（Consolato del Mare）、《奥勒伦海法》（Role d'Orelon）、《维斯比海法》（Waterrecht von Wisby）等诸法，多有法之名，实际上不过是汇集了商业习惯及判决案例等内容的习惯规范记录而已。

此类社会规范逐渐概念化，成为宗规、礼制、惯例等形式，针对违反者的社会制裁亦具备一定的形式，如不信者、异教徒、宗规违反者等人，会受信徒迫害、摈斥，此外，还会依宗规接受逐出宗门等制裁。同时，人们往往会设立执行宗规的特别机构，以司掌制裁之事。若出现背德教、违礼制者，则会被人们视为异端之徒、不德之人，并且为有识之士所贱，或者被视为非礼者、不良之民，摈斥于社交之外，更有礼制贬其荣位、夺其名誉。此外，若有无视习惯、紊乱风俗者，则被视为非社交者，为世人所排斥，并且惯例会使其受到绝交、放逐的制裁。简言之，社会规范的概念化，使得其制裁亦随之体制化。

社会规范之体制化乃其法律化之端绪。人类共同生活的状态逐渐成为国家生活之体制时，统治者或被赋予统治权之执政者认为，既存的社会规范可以维持国家生活，或有利于满足自己的权势、欲望，便以种种理由强制施行，于是在以往的超自然制裁、道德制裁或习惯制裁上又附加了公权制裁，甚至用公权制裁取而代之。依照禁忌，碰触酋长身躯之人必受冥罚而死，这个迷信使规范得到维持，随着国王权利之发达，碰触酋长身躯则成为大不敬之罪，触犯者将受到死刑的制裁。依图腾的规定，同图腾族内的通婚必生灾厄，这个信念令习俗得到维持，并演变为禁止内婚之法制。而偷盗戒、邪淫戒、妄语戒、杀生戒等宗教律法的破戒，成为盗窃罪、奸淫罪、欺诈罪、杀伤罪等罪名。违反孝悌忠信之德教，则生谋反、暴虐、不道、不孝、不睦之罪。长子接受亡父全部遗产并继承家长资格的习俗被大众所公认，由此催生长子继承之法制。如上所述，国家原始时期法规的产生有别于文化国家的立法，极少是应社会日新之需要而始创，更多的是既存的信仰规范、德义规范、习俗规范通过公权力的承认或制裁而享有法性。

上文提及的信仰、德义、习俗三者享有法性，有些是由于规范设定者、实施者资格发生变化，有些是由于实施方法有所改变。前者为主体的法化，而后者为客体的法化。例如，作为信仰规范的设定者，预言者、宗教领袖等人的权力因社会组织的发展而逐渐带有政治权利的性质，其教义逐步具有政教的体制，而信仰规范亦随之多带有如法律规范的世俗强制力，或者向信徒发布信条相关的命令，对违令者，则特设裁判机构进行制裁。在神权政体的国度，《法论》《摩西五经》《古兰经》等宗教基本圣典同时被视为法典，至少其教律中民生相关的条规等同于法律。

德义规范，或来自民众德义观念所产生的习俗，或来自圣贤的教义，其具体规范往往表现为礼制、仪式，但依照惯例、礼决而体现的规范之所以享有法性，多数是由于得到执政者认同，违反者会受到公权制裁。例如，中国法系以道德为政事之基础，以德治为王道，在这样的国家，尧、舜、文、武等诸圣主立教，圣贤周公修礼以导民，因此，德义规范的设定者或实施者同时亦是执政者。故《周礼》《礼记》等礼书多半带有法典性质，不仅是通过公权力实施礼制，针对违反规范者，更以公权力加以制裁。这便是所谓的"出礼入刑"。

习俗规范来自民众的长久惯例，因此并非因规范主体的民众资格发生变性而法化，而是由于执政者承认此规范，并于行政上保证其实行，又于司法上对违规者加以制裁，方才得以法化。

作为法的原质，三大规范的客体法化是因为公权承认该规范，并对其附加公权制裁。公权的承认，或是立法明示，使之成为法规，或是对法规无公开表态，但从行政上以公权力强制实行。例如，用法律规定一定的要素，具备该要素的习惯规范便成为法规（法例第二条，Digest, T. iii. 32–35. Institutes, I. ii. 9），或是用法令包含或者指定一定的宗教信条、德教礼制以及民众习惯，赋予它们法律效力。上述事项均为立法上的客体法化。

此外，基于信仰的祭祀仪式、基于德教的行礼仪式、基于民俗的农业惯例等，均被公权力强制执行，这是行政上的客体法化。而依照国家司法权承认信仰规范、德义规范及习俗规范，并附加制裁的行为，在客体法化中最为普遍，本篇所讨论的禁忌中的信仰规范，便是这样用公权力惩罚违规者而使其法化。

原质的主体法化，是规范笼统地享有法性。客体法化大体上是个体的，针对每个事项进行立法、行政处分或审判，而行政处分或审判可作为后发事件的范例。然而，有时是立法者全面地指定并赋予宗教信条、德教礼制以及民众习惯法律效力，有时也将其编入法典。中世纪地中海、北海沿岸市府商业习惯的私法典、北欧诸邦民族习惯的《蛮民法》（Leges Barbarorum）、法国的《习惯例典》（Coutumes）等，或是记载既已法化的习俗，或是夹杂部分尚未法化的惯例，因此，虽然习惯规范并非因编纂而悉数开始法化，却是由于上述编纂而使其法化得以确认，并促进其全面法化。例如，路易十四的《商事法令》（Ordonnance du Commerce）、《海军法令》（Ordonnance de la Marine）的颁布，使得与上述商事、海军相关的各私选法典中的商业习惯全面地法化，使其成为最为显著的一个事例。

但凡法规都有化成法规与创定法规两种。所谓化成法规，是既存的社会规范因公权力的追加而享有法性，而创定法规，则是依照国权新制定的法规。化成法为原始现象，而创定法为文化现象。在国家的原始时期，立法观念尚未完全存在，这在本论之初已经叙述过（第一册的第一编第二章）。加上当时社会极少变动，人生万事，依据旧例，历世因袭不渝，成为常态，因此，法规基本为化成法，创定法则极为罕见。当时偶尔有人开启创始立法的端绪，这是由于发生一些非常事件，打破了原始社会因袭的静止状态，如战争、迁徙、天变、地异等，再不然，便是出现非凡人物，如天神之子降临、大预言家现身等。于是，有些是为适应因变故而生的社会新事态而设定新规范，有些则是非凡人物假托天启、神托、卜兆等创立新规范，命社会成员人人遵守，并往往用政治权力强制实行。然而，这种情况下的新法制定，是数十年甚至数百年方才一遇的异常稀有事件，并非文明国家日常发生的寻常之事。尤其是因天变地异等自然变故而生的新立法，多只是一时的应急对策而已。例如，战争引起的民族合并，虽然也曾有过战胜者与战败者之间产生贵贱等级之分，以及其他合并条件导致新法规的产生，但是一般情况下，各民族合并时依然保有自己的固有之法。单个民族的迁徙，由于生活环境发生变化，便产生了对新生活的需要，随之根据其文化程度创定新规范，此类情况较为常见。当出现自称天神之子、享有天神特权之人、大预言家、战争英雄等非凡人物时，便会大破旧有的因袭，创立新法。伊斯兰民族迁徙至埃及便是最著名的事例，《旧约圣经》中记载的摩西立法，大部分是基于民族的旧习，但摩西对其进行调整，并且有不少是新制定之法。使大预言家成为大立法者的，便是伊斯兰民族的大迁徙。

在国家初期，有时英主出而改旧弊，暴君出而布虐政，虽然感觉法制产生了大变革，但是实质上不过是针对国法的全部内容做出一时微小之改革而已。在原始社会，暴君也是习惯的奴隶。波洛克说过，过去"神亦被习惯束缚"（"Gods themselves are bound by it"—Frederick Pollock's Note B.to Maine's Ancient Law），因此，英主暴君所谓的大改革，对国法整体的影响微乎其微。若不然，滥颁新法会使向来凝聚民族团体的习惯大纲废弛，开启衰颓之端。再不然，其改革不过一时之事，不久便会反动复旧。像斯巴达的庇塔库斯变法能经受时间考验，是人类文化已达高级之境、立法观念高度发达之后方才出现的现象。

总而言之，原始立法是因既存社会规范公权化而渐成，文化立法是因新生原因的规范化而速成。而之所以产生渐成、速成之差异，是由于原始时期的社会生活常处于静止或者渐动的状态，而文化时期的社会生活则常处于变动状态。当社会逐渐进入文化时期、新生事态产生新生活的需求时，原始时期作为神意启示、大预言家遗训、创业主遗制、民众旧习而被尊重的法规，反而成为阻止社会进步的枷锁，因此，往往使得社会的实际需要与法律的实际状况之间产生鸿沟。因此在文明国家，为了使法律适应社会日新的需要，以往根据公权力的承认或附加而法化的社会规范，如今则有必要用公权力否定它，或是解除公权制裁。

由三种法之原质化成的法规，由于各自是不动性的社会力表征，因此作为基础的信仰、德义以及习俗若没有衰退，则无法轻易修改或废除。然而，在进步的社会中，一方面，社会的新需求与化成的旧法规之间产生鸿沟；另一方面，宗教、德教、法律之间发生分化，即便宗教、德教的势力并无衰弱，其教旨的实现也无须等待公权力的强制，可专待教化与教育。此外，源自迷信或陋习的法规，随着人类智力的开发，其信奉力自然而然会减弱。因此，国家为调和社会的新需要与法律，必须修改或废除以往依照原质而化成的法规，用新法规取而代之。例如，信仰规范中，依据基督教的教义："凡合乎神者，人不可离也"（马太福音，十九章，三至九节），确立了禁止离婚的法律，而至宗教改革运动，马丁·路德则以婚姻并非"神事"而是"人事"的论点，动摇了该法律的基础。而同时由于政治上权利的发达，实行了所谓"君权离婚"（divertium ex gratia principis）的特许制度，在绝对的不解除婚姻主义中产生了例外。还有一例，由于近代自由思想，尤其是自然主义产生的契约观念的发达，在法国1791年9月3日的革命宪法第二章第七条中，赫然出现"法律承认婚姻仅为民事契约"的宣言。自此之后，解除婚姻主义的立法虽有弛有张，但经年累月，信仰规范法化后的禁止离婚法逐渐失去效力。（参照穗积重远著《离婚制度的研究》）

此外，关于法化的德义规范，在中国法系中，《律疏》有云："德礼为政教之本，刑罚为政教之用。"以法作为德教之公权规范，以孝作为德行之本，因此"五刑之属三千，而罪莫大于不孝"。至唐律以下的明律、清律，在其总则"名例律"上，最重大之罪为"十恶"，内容为谋反、谋大逆、谋叛、恶逆、不道、大不敬、不孝、不睦、不义、内乱，其中殴打以及谋杀祖父母、父母定为恶逆之罪，控诉、诅咒、詈骂祖父母、父母，以及生前阙奉养、死后不举哀，均泛称为不孝之罪。其余各编中针对祖父母、父母之罪名颇为详密，其刑罚极为严峻。例如，唐律《职制律》中，闻父母之丧而匿不举哀者，流二千里（明律《礼律》杖六十、徒一年。清律亦同）；忘丧为乐者，徒三年；为樗蒲、双六、围棋、象棋等杂戏者，徒一年；参与吉席者，杖一百。《户婚律》中，居父母丧生子者，徒一年；父母在而子孙别籍异财者，徒三年；居父母丧而婚嫁者，徒三年（明律《户律》杖一百。清律亦同）；父母囚禁之际婚嫁者，其父母之罪为死罪时，徒一年半（明律《户律》杖八十），为流罪时，徒一年，为徒罪时，杖一百。《贼盗律》中，谋杀祖父母、父母者，处斩。明律《人命律》中，谋杀祖父母、父母，已行者，斩，已杀者，处凌迟碎肉之惨刑（清律亦同）。《斗讼律》中，詈祖父母、父母者，处绞（明律《詈骂律》同，清律亦同）；殴之者，处斩（明律《斗殴律》同，清律亦同）；控诉祖父母、父母者，称"干名犯义"，处绞刑（明律杖一百，徒三年，诬告者绞，清律亦同）；违犯祖父母、父母之教令者，以及阙奉养者，徒二年（明律杖一百，清律亦同）。其他如《诈伪律》中，父母死，应解官居丧，诈而不解者，徒二年。《杂律》中，奸父母之妾者，处绞刑。如上所述，针对祖父母、父母之罪名委实详密，其刑罚极其严峻。

然而，随着社会的进步，法规与德教逐渐分化，德义之实现，不再依靠国家公权力的强制实施，而是兴盛教育，并非仰仗法禁，而是更多地期待于教化。至此，修身齐家之行为，不再直接与国家治安、社会公益相关，无须依靠法律进行制裁。因此，在如今的文明国家，针对父祖的杀伤、殴打、诬告等罪名，刑法特别重罚，除此之外，如居丧嫁娶、生子、赴宴、为乐等不孝行为，则归为德教之禁戒，以谋求法禁与教化相辅相成，使民德回归淳厚。

因民众的习惯而成的法规，便是德国学者所谓的"民族精神"（Volksgeist）的直接体现之物，因此，在各种规范中最具永续性与不变性，往往在习俗产生的原因已经消亡了数十百年之后，该习俗依然留存。恰如梅因所言，幼稚社会产生的习俗，大体适应当时的社会物质及道义需要，然而，民众并非理解其发生的真实原因以及存在的理由而执行，而是由于模仿及思想上的惰性而遵守。因此，日常当中，单是"有先例"一句，便可作为不可动摇的遵守理由被大众所承认。偶尔也有人为其附加理由，视其为祖先遗习而不得不服从，或又屡屡在真实起因之外，附会些想象的、虚构的、迷信的理由，这便是梅因所说的"合理习俗产生不合理习俗"（"Usage which is reasonable generates usage which is unreasonable", Maine, Ancient Law, ch I）。因此，人文进化后，国家权力者或者国民的指导阶级意识到习俗规范早已不再符合社会实际需要，便会对习俗法规进行改废。在进步的社会中，随着人民知识的提高，立法权亦随之发达，不适应社会需求的旧惯习多有调整，尤其是当社会发生剧变时，不少数百年来屹立不倒的习惯法规被无情地抛弃。近代最著名之例，便是十八世纪的法国大革命、十九世纪的明治维新、二十世纪的俄国革命，三个国家的习惯法皆因上述革命而作废。众人周知，法国革命基于《人权宣言》的标语"自由、平等、博爱"主义，废除了继承、婚姻的旧法，制定了均分继承、自由离婚的新法。日本在明治天皇维新之初，制定新政大纲，其中《御誓文五条》誓于天地神明、宣告于中外，内有"破旧来之陋习，基于天地之公道"一句。废除旧有的习惯法之例，实在不胜枚举，现举一二例，以往土地皆依照"普天之下，莫非王土"之主义，个人虽有使用土地及从中获益的权利，却无土地所有权，且永世禁止买卖土地于他人。至明治五年，国家发行地券，这是针对个人土地所有的权证，土地所有权至此得到公认（明治五年二月十五日太政官布告第五十号，以及同年同月二十四日大藏省达第二十五号）。

而且在维新之前，一般规定财产全部归户主所有，然而自明治六年发行公债证书以来，家属亦可拥有财产，尤其记名公权证书作为家属的别产，户主破产抵债之时，不可将其纳入其财产中（明治六年第一一五号布告，同年第二四五号布告）。之后，国家设立银行，制定公司法，银行的存款、公司的股票等属于家属名义之物，被划归为别产。此外，维新前一切官职、艺术、营业皆为世袭，户主以外之人不得就其官职、师承其艺术、经营其业务。然而维新之后，官职的门阀世袭被废除，政府广用人才，因此，家属亦可任文武要职，其俸禄、赏赐等自然为属人财产，不属于户主的所有权。这恰如古代罗马，财产悉数属于家父（Paterfamilias），家属无财产能力。其后罗马征服四疆，武威大振，国势兴隆，依军功所得之财产，作为"军事别产"（Castrense peculium）归家属特有。此外，家属在军事以外的公务上所受之财产，亦随之效仿为"准军事别产"（Quasi Castrense peculium），成为家属的特有财产。由此，之后家属的独立财产能力不断发达，古今略同其辙。由于官职的门阀世袭既废，在其余的业务上，家属可独立营业，最终家属的独立财产权得以普遍确立。

俄国最近的革命，与法国大革命、明治维新相比，在废除法化的习俗规范上更为重大，因旧习而成的法制几乎全部颠覆，创立了苏维埃理想的新法制，这是前所未有的大实验。国家完全废除私有财产权，采用公有制主义，否认土地所有权，土地悉数归国家所有（1917年10月28日法令，1918年2月19日法令）。俄国的改革，与日本维新的改革正好完全相反，日本废除土地国有制而承认个人所有权。虽然如此，两国在废除旧习惯法、确立新法一事上却是一致的。

习俗法化后的规范最初确实多数出自人民生活上的实际需要，因此大体具有永续性。在其发生原因已然消失之后，仍旧由于人们思想上的惰性而延续，在其存在的理由消亡之后，人们不由自主地附会上新理由，继续因袭。如上文所述，随着国民知识水平的提高，以及估量批判社会规范在生活需要上的价值能力的发达，那些法化的习俗规范中不合时宜者，会被立刻修改，而且越来越多地通过新立法被废除。若旧习产生的法制与时势背道而驰，现制与时代需要之间产生鸿沟，那么，或是《人权宣言》、或是《御誓文五条》、或是苏维埃政府的法令，将数百年来的旧制全面地废弃，取而代之的是以"自由、平等、博爱""王政维新""物资公有"等理想为基础的新法制。

总而言之，法律原质的三规范随着社会生活中形成的国家休制而法化，之后随着人民的理智发达，无须公权的他力制裁而执行的社会规范逐渐增多，尤其到了近代，人们或是提倡政教分离，或是倡导国家不干涉主义，宗教规范、德教规范的实施应当依靠教化教育，而非国家强制。于是，随着国家立法机能的发展，宗教、德教与法律之间逐渐分化，最终依靠革命将曾经法化的社会规范全面废弃。

　　法规的形成速度，与文明程度成正比。概言之，在一些半开化文明的社会里，法规是渐成，而在较开化的文明社会里，法规是速成。在国家的原始时期，法规的形成极其缓慢。依靠民众多年的习惯，以及多数民众的信仰而成立的社会规范，须经年累月、经历数代，方才享有法性。而在文明国家，则正好相反，其形成极为迅速。内有国民理智的发达，外有交通的开发，因此造就社会急剧地变迁，这种变迁不断地促进新法规的制定，而国家的立法机能亦随之逐年完善，最终紧随国民新需要之后，制定出新法规。

第二编

信仰规范

起因于超自然力信仰的社会规范，其形态极为复杂，将其悉数汇集而分类颇为困难。因此，在本论中，仅选择其中构成法之原质的最明显之物，对其进行研究。

　　原始的信仰规范中，构成法之原质之物，主要是禁忌、祭祖、图腾这三种。因此，本论中首先就上述三种信仰规范与法律之间的关系进行论述，最后大致论述宗教规范与法律之间的关系。在上述三种信仰规范之外，也有各种迷信构成特殊的法规原质，但是，不仅无暇逐一枚举说明，而且在意义上，其趣旨均与上述三种相同，因此便不在此特论。

第三编　禁忌

第一章　禁忌的语义

所谓禁忌（Taboo），就是接触神圣或污秽之物的禁忌，若有触犯，便会遭受灾难，由此信念而生的习俗，便是禁忌。此习俗是一些半开化民族间普遍存在的现象，各个民族均经历过禁忌习俗，方才习惯有规律的社会生活。在如今的波利尼西亚群岛、美拉尼西亚群岛等太平洋岛国中，禁忌极为盛行，甚至在印度、非洲、美洲以及世界其他角落，不少民族都有此习俗，即便现在某些地区禁忌习俗已不复存在，但依然留存着往昔禁忌在民族间盛行的痕迹。

禁忌（Taboo）本为波利尼西亚语，但由于近代的欧美人没有明确表达该习俗的国语，因此各国民俗学者便不约而同地沿用最初引起注意的太平洋岛国的语言，如今，"Taboo"一词已然成为世界的通用词语。关于禁忌一词的原意，学者的解读大同小异，在其意义上，分实体和应用两方面，一方面意味着神圣或者污秽，另一方面又意味着禁讳或忌避，各学说在此观点上一致。然而，这个意思，究竟是因为事物神圣或污秽所以要禁讳或忌避，还是事物需要禁讳或忌避而因此显得神圣或污秽？其语义的本末尚未明确。弗洛伊德认为禁忌一方面为"神圣"，另一方面则具有"危险""禁止""污秽"等反面意义，但并未论及两个意义间的本末关系。（Freud, Totem and Taboo, transl.by Brill, ch. II.）

研究此习俗的最高权威者是弗雷泽[1]，在他的解说中，将重点放在了"神圣"之意上。他分析"taboo"，或者是"tapu"一词，是由动词"ta"（"标示"之意）与语气强化副词"boo"构成，其原意为"被强烈标示之物"，常用于严格指定某物为神圣之物的意义上。例如，人们将作为神之后裔的酋长称为"阿利意禁忌"，意为"神圣酋长"，将神殿称为"瓦伊禁忌"，意为"神圣场所"（Frazer, The Golden Bough; Le Roy, The Religion of the Primitives; Encyclopaedia. "Taboo"）。布灵顿的见解与弗雷泽颇为类似，"taboo"一词来自动词"tapa"（"指名"之意），意为"被严肃地指定为神圣之物，因此不允许凡俗之辈亵渎"。同时"tapui"带有"神圣之物"之意，而"tabui"则有"避讳"之意。（Brinton, Religions of Primitive Peoples. Lect. III.）

----

[1] 弗雷泽（1854—1941）：英国人类学家，民俗学家。对信仰习俗进行了广泛的比较研究。——译注

第三编 禁 忌

在波利尼西亚群岛的汤加岛上，人们将此习俗称为"taboo""tabu"，而沙摩、塔希提、马尔克沙士、新西兰诸岛则称其为"tapu"，在夏威夷岛，禁忌被称为"kapu"，而在美拉尼西亚群岛，又被称为"tampu"或者"tapu"。虽然上述发音多少有些差异，但语源却是一致，而且每一个都具有"神圣"或者"忌避"之意。马来群岛中的帝汶岛、爪哇、苏门答腊等岛屿的岛民将禁忌称为"pamali""pomali""pemali"，在其他地方又称其为"boso""botsu""boboso"。在澳大利亚，禁忌被称为"kuinyunda"。在马达加斯加岛，禁忌被称为"fady"，或者是"faly"。"fady"一词具有"神圣""忌讳""亵渎""禁戒""凶兆"等意义，它的动词"mifady"也有"禁戒""忌讳"之意（Gennep，Tabou et Totémisme à madagascar）。由此语义推测，视某物为神圣之物的结果，便是要避免亵辱、接触与轻慢，随后产生不可亵渎的禁戒，破戒者必要遭受冥罚的制裁，由此带有"凶兆"之意。

希伯来语称禁忌习俗为"Kodaush"。从《旧约全书》中可得知，犹太人也有在神圣日劳动之禁忌，以及死秽、产秽等，还有与波利尼西亚中的禁忌相同的禁忌令。其中拿撒勒人（Nazarite）是严守禁讳、斋戒之修行者，"拿撒勒"的意思就是"隔离者"，或者"神圣者"，与禁忌同义。（Lev. vii, Num. vi, 1–21.）

从《荷马史诗》及其他古典中可得知，希腊人以往也有此习俗。希腊语中的"äγος"或"äγιος"与禁忌相同，兼有"神圣"与"污秽"双重意义，在《奥德赛》诗篇中屡次可见，国王、酋长及其宫殿、车架、军队尤其哨兵等均为神圣且必须避讳之人与物。（Odys. vii, 167; vii, 405, ect.）

拉丁语的"Sacer"与希腊语的"äγιος"相同，具有"神圣"之意，且同时具有"蒙受神罚""必须避讳"等意义。由此清晰可见，在被称为欧洲现代文化源头的犹太人、希腊人及罗马人中，均存在禁忌习俗。其他如雅利安人也普遍有此习俗，近年人类学者、社会学者的研究皆可证明。

日语中与禁忌意义相当之词汇，应该为"いみ（忌）"。"いみ"一词是动词"いむ"的名词形式，根据《倭训刊》所载，"いみ"写成"斋忌"，是"敬之古语"。在《神代记》中，"畏"字读成"いむ"，而且"恶"字也读成"いむ"，应为"嫌弃""避讳"之意。另外，在《崇峻纪》元年之条文中，"戒"字的训读发音为"いむこと"，在《崇峻纪》及《推古纪》三十二年之条文中，"戒法"的训读发音为"いむことののり"。在《类聚三代格》的记载中，延历二十年五月十四日的官符用到了禁忌一词。据此可知，日语"いみ"一词，正如波利尼西亚语的"禁忌"、希腊语的"äγιος"、拉丁语的"Sacer"一样，兼有"神圣""忌避""禁戒"三重意义。

将"いみ"一词用于"神圣"意义上的例子并不少。据《古事记》《日本书纪》记载，天照大神亲织神御衣的机殿，被称为"忌服屋（イミハタヤ）"或者"斋服殿（イミハタドノ）"。《古事记传》中如此解释："所谓忌，因是织神御衣之屋，故万事斋慎。"此外，在称呼神圣的殿舍、器物上使用"忌殿""斋斧""斋钜""斋柱""忌镰""忌灶""忌火"等词，皆同出一处。换言之，因为神圣，故忌避污秽、丑恶之事，由此"いみ"一词具有神圣之意。此外，制造祭神的种种器物，以及以一切斋戒沐浴、净身慎心为职业的氏族称为忌部氏（《古事记传》十五，《日本书纪通释》八）。平田笃胤对"忌部"之意有如下解释：

"忌部"训读为"伊美部"（いみべ）。"伊美"与"伊波比"本同语，如古代长者所云，亦写为"斋"字，意为忌避诸凶恶之事、污秽之事，万事谨慎。故多指侍奉神灵之事。可读作"伊波比""伊波布"，亦可活用为"伊波闭"，因"波"（は）与"麻"（ま）相邻而音相近，故可活用为"伊麻比""伊麻布""伊牟"，若做名词用，则可云"伊美"。（《古史传》卷十四）

《日本逸史》中记载："延历二十二年三月，右京仁正六位上忌部宿祢滨成等，改忌部为斋部。"可见延历以后，也可写为"斋部"。《古事记》《日本书纪》中记载，当天照大神进入天石窟时，忌部首之元祖——天太玉命与中臣连之元祖——天儿屋命共同祈祷，说明自古以来，中臣、忌部二氏皆司掌祭祀之职务。

"いみ"最常用于忌避之意，例如，应避讳的言语称为"いみことば"或者"いまひごと"；避讳贵人之名而不说不写之时，称为"いみ名"；因死秽而忌惮，称为"いみ"；祭神礼佛时，需常沐浴、慎饮食、勿触秽，称为"ものいみ"，写作"物忌"或者"斋戒"。因此，"忌避"有双重意义，其一，因敬畏而避讳接触或接近；其二，因厌恶而避免接触或接近。避讳君主之名属于前者，避讳死秽则属于后者。侍奉神灵之人，必须避免一切污秽，以洁净之身祭之，因此"神圣"与"忌避"两个意义之间便产生联系，这与希腊语的"άγιος"、拉丁语的"Sacer"一致。

"いみ"一词用于"禁戒"意义上的例子，除了《崇峻纪》《推古纪》的记载之外，还有称"禁戒"为"いましめ"，称"禁缚"为"いましめ"，称"缚绳"为"いましめのなは"。

上述"いみ"的三个意义中，究竟何为原意，并非易解之问题。如今姑且从其他国家对禁忌及其他同义词的解释来类推，"神圣"或者"敬畏"应为禁忌的第一意义。事物神圣，因此便不可触犯，而不可触犯之结果，便是不可猥亵、不可接近，因此，"神圣""敬畏"的第一意义便衍生出"忌避"的第二意义。然而，与禁忌一词相当的日语"いみ"，不管其最初原因如何，皆具有"忌避"之意，避讳污秽及其他厌恶之事，遂衍生出不可冒渎"神圣"的第二意义。既然产生对某事的忌避之念，便将其视为极其重要之事，而且该信念变得恒久持续时，忌避之念便成为行为的消极规范，由此产生出"禁戒"的第三个意义。若无严守禁戒，接触、冒渎了神圣之事物，便会蒙受神明的冥罚，该信念便产生"责罚"的第四个意义。而破"戒"（いましめ）者必须承受的后果——责罚，也为"いましめ"，恰如罗马的"Sacer"一词同时具有"神圣"与"蒙受神罚"的双重意义。

第二章　禁忌的本质

禁忌是关于人类行为的消极规范，要求避讳相关人或事物。或是禁止接近神灵、君主等神圣者，或是禁止接触死尸等污秽之物。如上所述，该习俗是全人类共有的普遍现象，其程度虽有差异，但无论民之文野、地之东西、时之古今，必然可见，因此，不能将其视为特殊情况下发生的一时或者一处的偶发事件。人类诸多共同情况中，必然存在一种情况，是禁忌的基础。

亚历山大·洛罗在著作《原人宗教论》（Alexander le Roy, The Religion of the Primitives, transl.by Newton Thompson）中，对禁忌的基础做了如下说明：

原人是万物之中常处不安状态下生活的物种。他们相信一切自然物皆属于不可见之总主（Universal），而且他们还相信，当接触、获取、使用自然物之时，若有违背其所有主的意图，便会遭受冥罚。因此，当他们在生活上想使用必需物资时，若偶然发生不幸事故，那么，即便灾祸与该物资的采集、使用毫无因果关系，他们也会因为平素不安、恐惧的心理状态而将其归结于超自然的所有主的怒气上，从此之后，禁止任何与此事物相关的同一行为。（ch. II.）例如，因采食某水果而上吐下泻，便将其视为禁忌，这在常理上尚且可以理解，但是，当发生一些偶然事件时，如进入林中忽闻雷鸣大作，或是路遇蟒蛇则当天罹病，他们便将某事物作为禁忌，这是因为他们迷信这一切都是由于违背了总主之意，触怒了总主。（ch. II, ch. V.）

在洛罗的学说里，他认为原人对外物常处于不安状态，这或许是事实，然而，将禁忌发生之原因归结于此状态产生的恐惧上，而且他们恐惧的是万物所有者——总主，这便是用文明人的心理来推测原人，已经将原人具有综合观念作为前提，因此，吾无法苟同。之后吾会论述，恐惧并非禁忌发生的第一原因，与其说原人恐惧的是总主之怒，倒不如说，万物皆有不可见之主，或者万物皆有灵，反其意之行为会遭受报复，这样的想法，应该更接近原人的心理状态。

雷纳克也将禁忌的原因归结于恐惧，他的说明如下：

禁忌的普遍原因，是对危险的恐惧。（中略）即便是如今，我们不也是动不动就将时间的前后与因果关系混为一谈吗？ Post hoc, ergo propter hoc——乙在甲之后发生，因此甲是乙的原因。这种误谬逻辑，无论是学者还是文盲，每日都会深陷其中。

野蛮人虽然欠缺原因结果的观念，但是却能记忆。因此会认定某个灾厄，必然是之前发生的某个事件所引起。然而，十有八九，这两者之间毫无任何因果关系。如此一来，成为范例的多数传说便在原始社会发生了。如此这般的行为，便会产生如此这般的不幸。某日清晨见到蛇，当天便病倒或受伤，因此，人们笃信见到蛇便有厄运。若上述的草率判断在一个社会里蔓延，那么恐惧将会阻止所有行为，社会恐怕也会最终衰亡。然而，好比其他所有事物皆有优胜的法则，民族当中的权力者，如酋长、祭司、长者等，他们将所感知的恐惧之念向民众传播，由此开始执行种种禁戒，而其他人的恐惧念头，则随着时间流逝被遗忘。（中略）总而言之，禁忌源自恐惧，恐惧产生于对单个事实的轻率推断。（Solomon Reinach, Cults, Myths and Religions. p.36.）

冯特将禁忌的原因归结于"对鬼魂的畏惧"（Daemonenfurcht）。

他的学说指出，蒙昧的人们一直坚信，物体内普遍都隐藏着灵魂的威力，或者某件事情被灵魂的威力所保护。因此，如果接触该物体，或者做该事，便会惹怒灵魂，立刻遭受冥罚，这样的畏惧，使得他们将一定的事物定为禁忌。所以，禁忌的命令，古今皆为"勿触怒鬼魂"（Huete dich vor dem Zorn der Daemonen!）。（Wundt, Voelkerpsychologie. Bd. IV. Mythus und Religion. S.399.）

正如在波利尼西亚群岛及其他地方见识到的一样，学者往往将禁忌之起源归结于对超自然力的恐惧，在说明一些半开化民族中禁忌的存在基础上，这类学说固然合适，然而，却远未查明该习俗产生的第一原因。该学说追溯到了禁忌的上流，但尚未穷极其源头。人类将某种灾害归结于超自然力，是在其智力已然有所发展、稍具推理能力之后发生的。恰如孩子害怕某事物，并不是推理的结果，或是出自本能，或是神经受到强烈刺激，决非恐惧隐藏在物体上的或驱动该物体的力量。如今蛮民之现状并非人类之原状。要穷究禁忌的真实原因，必须追溯其源头，从人类生存法则中来探求。弗洛伊德认为禁忌比神灵还古老，可追溯至宗教产生之前的时代，其原质有别于宗教或德义上的禁令。弗洛伊德如此论述，可谓一语中的。（Freud, Totem and Taboo, ch. II. transl. by Brill.）

那么，作为禁忌基础的人类生存法则究竟为何物？隔离是生物保全作用中最重要的作用之一。小到动物的逃避或防卫作用，如兔子般的小兽会疾走，龟这样行动迟缓的动物身披坚甲，章鱼、乌贼等软体动物会口吐墨汁，其他动物会放恶臭或吐毒液；大到人类的防卫工事，如筑城墙、垒高壁、挖深沟，建医院，上述这些行为正是通过隔离危害物而起到保全作用。因生物保全作用的本能而引起的对灾厄的恐惧，在蛮民间便诱发了迷信，他们相信，靠近或者接触具有禁忌性的物体，必蒙灾害，做了禁忌之事，必遭祸祟。此信念之强大，使得禁忌的禁止性规范在一些半开化文明社会中大为盛行。

禁忌之所以是人类普遍的习俗，是因为其基础是生物普遍存在的隔离保全作用。禁忌之所以盛行，是因为一些半开化文明的人类对超自然力怀有强烈的恐惧敬畏之念。而禁忌之所以在这些文明的人类中维持了社会秩序，是因为其基础存在于人类的生存要件中，即便伴随有许多迷信，却依然被宗教的力量所维持。

西洋学者在说明各种习惯起源时，多数将其归结于对灵魂或其他超自然力作祟的恐惧上。最著名的例子便是将祖先崇拜的起源归为对祖灵的恐惧，将禁忌的起源归于对超自然力的恐惧。大概是因为人类学者、社会学者、旅行家、探险家等人视察了澳大利亚、南太平洋诸岛、印度、非洲、美洲各地的现状，便直接认定其为人类的原始状态。他们将其称作"原始人"，将他们的社会称作"原始社会"，这种做法本身便不正确，而且这些用词很容易导致误断。他们背后至少已有数千百年的经历，不再是人类的幼童，而是文化上尚未发育的人类。因此，他们的状态，虽然比较接近人类的原始状态，但是同时我们也不能忘记，他们的心理状态与生活状态的变迁，以及环境的变化已经给原始状态带来了种种变化。所以将他们的现状直接认定为人事习俗的起源，是以今作古的行为，至少也是危险的臆断。

吾曾于其他著作中论述过，关于祖先祭祀之起源，也有学者陷入该误谬中（拙著Ancestor-Worship and Japanese Law，Part I. ch. I.；《祖先祭祀与日本法律》第一编、第一章）。习惯之起因并非一致，有些是以吉凶祸福相关的偶然事件为先例，有些是以酋长、药师、预言家、咒师以及其他势力者的言行作为模仿或者奉行的基础，而且尚有不少难以明确得知其发生原因。但总体上，习惯之起源乃自然发生，最初，人们几乎是本能地从事这些行为，并未意识到何为原因，为何而做（参看Sumner, Folkways, 1.3）。在自然发生的民俗中，有的仅局限在某民族、某地方或某文化程度中，有的是异民族在相同环境中产生了相同习惯，有的是在文化程度相同的民族中普遍通行，被称为人类的普遍现象。这三种民俗中，第一种民俗中的某些是由于偶发原因而产生，而第二种、第三种民俗，则多数来自人类的保全本能。生存于同一环境中的人，在方便生存、追求快乐、躲避痛苦上是一致的，于是，便几乎无意识地造成了行为的统一。最初并非智能低级的人类考虑利害、制定目的之后而实行该习惯，而是出自生理与心理上的本能要求，在多数人之间自然地出现同一类型的行为。与神、灵魂、恶魔等超自然力相关的观念，是人类智力稍有进步后方才产生，恰如儿童成长后才有了鬼神观念。因此，触犯禁忌便受到超自然的冥罚，是人类智力稍有发展之后的信念。由保全本能产生的习俗实行已久，违背习俗的行为便为恶事，因此，鬼魂观念产生之后，人们就迷信，连鬼魂也因憎恶恶事而作祟。如今的南洋诸岛、印度、非洲、南北美洲等地的土著害怕鬼魂作祟而严守禁忌，这是保全本能产生的忌避习俗进入了第二时期，害怕物体内的精灵或者物体外的鬼魂作祟，从而有意识地遵守禁忌。只是这些土著第一次出现在近代的旅行家、探险家、人类学者、社会学者的面前时，已经处于习俗的第二时期，已经从真正的原始生活状态中极大地进化，他们拥有了与超自然力相关的观念，从而产生了许多迷信，同时又受到了这些迷信的支配。很多西洋学者视察了波利尼西亚、澳大利亚、非洲、美洲等地的土著，将恐惧作为禁忌的原因，那是因为他们误将其视作原人，认为他们的社会能展现人类的原始状态。因为人类的保全本能产生的禁忌极其重要，所以能长久地在种族间实行，最后演变为用迷信来保护禁忌，进一步地增强了禁忌的力量。同时，因其力量的增强，最初极为重要的禁忌，最后反而成为了妨害社会进步的枷锁。因此准确说来，恐惧并非禁忌发生的原因，而是禁忌得以保存的原因。

梅因论究习惯与社会进步之间的关系，认为习惯在初期的确适合促进社会物理利益和道义利益，但由于民众并不了解习惯存在的真实原因，仅仅无意识地服从，所以后来为了保持并延续习惯，人们便附会些迷信的理由，而且"合理习俗产生不合理习俗"，这又是一个非常关键的理由。如今在此引用梅因的文字，唯恐拙笔翻译名文有变玉为石之嫌，便摘抄如下原文：

"Now a barbarous society paractising a body of customs, is ecposed to some especial dangers which may be absolutely fatal to its progress in cinilization.The usages which a particular community is found to have adopted in its infancy and in its primitive seats are generally those which are on the whole best suited to promote its physical and moral well-being; and, if they are retained in their integrity until new social wants have taught new practices, the upward march of society is almost certain.But unhappily there is a law of development which ever threatens to operate upon unwritten usage. The customs are of course obeyed by multitudes who are incapable

of understanding the true ground of their expediency, and who
are therefore left inevitably to invent superstitious reasons for
their permanence. A process then commences may be shortly
described by saying that usage which is reasonable generates
usage which is unreasonable."

—Maine, Ancient Law, ch. I.

在任何时代，隔离是对付危害最实在的防御方法，然而，在生命、身体、财产等安全尚无任何法规保护的原始社会，隔离则是最重要的生存要件。为了保护自己的生命、身体、财产，用实力来反击、驱除侵害，应该是最自然的办法。然而，这种积极防御法的效力，必须通过自己与侵害者的实力对比来定夺，所以无法用这样的办法来获得确实的保障。因此，避讳的规范伴随着强烈的迷信制裁，如违反者立遭天罚而死，这样的规范能禁止扰乱的行为，维持社会的秩序，防护生命财产，保障个人利益，这是最有效并且是当时唯一的保障。

正因为在人类原始的生活状态里，隔离是如此重要的生存要件，所以，自动地对神圣者、尊贵者敬而远之，对危险者、污秽者避而远之，便成为了"礼"。《论语》中有"敬鬼神而远之"（雍也篇），便来源于禁忌的敬远思想，日本后世将"远"训读成"遠ざく（とおざく）"，赋予其"明里尊敬、暗中疏远"之意，真是极为讽刺的原意他用，与"请自隗始"的原意他用属于同一误谬。贝原益轩[1]也注意到此事，因为尾张藩的儒臣、铃屋[2]门下享有极高国学美誉的铃木朖在著作《改正读书点例》[3]中有如下一文：

> 敬鬼神而远之——鬼神を敬して之を遠かる，贝原先生如此读法，甚好。（先生的《点例》中并无此事，而是在自作的假名之书中如此标注发音。）意为谨慎而不草率接近。世俗将其读作"之を遠ざく"之时，则成"疏远而不靠近侧旁"之意，《易经》中"远小人"、《论语》中"远佞人"便是此意。以鬼神比其类，乃不敬不埒之至极也。此误谬，一则因昧于雅语[4]，二则因近代学者之风，渐趋狂妄，生蔑视、侮辱鬼神之心。（此《改正读书点例》之事，得金泽庄三郎博士之指教。）

铃木朖在著作《论语参解二》中也论述道："远之——之

---

[1] 贝原益轩：日本江户前期的儒学家。——译注

[2] 铃屋：日本江户中期的日本国学家本居宣长的书斋名。——译注

[3]《改正读书点例》：作者铃木朖，于天保六年完成。著书是为了修改贝原益轩编录的《点例》一书，探讨里面的汉字训读。——译注

[4] 雅语：精炼的和语（固有日语），用于诗歌或古文的表现的词语。——译注

を遠かる，不黷近也，云神亦不为过。将其读作'之を遠ざく'者，不敬之至，极为无理。"官版《四书大全》中的《论语》雍也篇中，也将其送假名标注为"鬼神を敬して之を遠る"，这是正确的训读方法。英语中也有惯用语"respectful distance（恭敬的距离）"，敬远的习俗礼仪，无论民族的开化程度如何，至今仍普遍遗存。半开化文明的民族不以视线与声音来接触尊贵者，目不见其形，口不言其名，以此作为敬礼之极致。在高度文明的国度，敬语最常用来表示隔离，面对尊贵者，使用陛下、殿下、阁下等称谓来表示彼此之间的距离，距离越大，其敬礼便越厚。从这样的世界习俗来看，可知禁忌中存在自然的基础。

第三章　禁忌的种类

依照不同标准，可将禁忌交叉分类。其主要分类如下：

第一，一般禁忌与特殊禁忌；

第二，永久禁忌与一时禁忌；

第三，特权禁忌与无行为能力禁忌；

第四，人的禁忌、行为的禁忌及物的禁忌；

第五，保护的禁忌与消灭的禁忌。

一、一般禁忌与特殊禁忌

以禁忌的范围为基础，可将禁忌分为一般禁忌与特殊禁忌。所谓一般禁忌，就是普遍存在于某一类事物之上，而特殊禁忌便是因特殊原因而分别存在于各个事物之上。最普通的例子便如神像、神器、国王的身体、姓名、居所、衣物以及其他财产等，都被人视为神圣之物，不可侵犯，若有触犯者，则会在现世或者来世遭受冥罚，这便被称为一般禁忌。当国王宣称："此森林为禁忌！此鹦鹉为禁忌！"那么国王指定的森林和鹦鹉便是特殊禁忌。

二、永久禁忌与一时禁忌

以禁忌存在的期限为基础，可将其分为永久禁忌与一时禁忌。所谓永久禁忌，就是不设期限的禁忌，而一时禁忌则有确定或不确定的期限。例如，神像、国王的身体、灵山、灵地的禁忌就是永久禁忌。当指定椰子树的果实为禁忌时，其禁忌仅维持到果实成熟为止，若指定田野的麦子为禁忌，则禁忌仅维持到麦子收割为止。其他例如，产秽、死秽、月经秽等禁忌，也是经过一段时期便停止，这些现象就是一时禁忌。

三、特权禁忌与无行为能力禁忌

以禁忌的效果为基础，可将其分为特权禁忌与无行为能力禁忌。这是弗雷泽的分类，英文为"Taboo of privilege"与"Taboo of disability"。所谓特权禁忌，就是因禁忌而产生特权，例如，与国王的身体、财产相关的禁忌产生了不可侵犯的特权。所谓无行为能力禁忌，便是因禁忌而导致无行为能力，例如，产秽与死秽的接触者、服丧者等人不得参拜神殿，不允许出入朝廷、谒见君主、执行公务。

四、人的禁忌、行为的禁忌及物的禁忌

以禁讳的目的为基础，可将其分为人的禁忌、行为的禁忌以及物的禁忌三种。当禁讳的目的为人时，便称其为人的禁忌，目的为行为时，便是行为的禁忌，若目的为物，则是物的禁忌。例如，不可见国王的身体，不可叫国王的名字，这便是人的禁忌。不宜出殡之日不可举办葬礼，这是行为的禁忌。不可杀伤神苑之鹿，这是物的禁忌。

五、保护的禁忌与消灭的禁忌

以禁忌的作用为基础，可将其分为保护的禁忌与消灭的禁忌。这是萨姆纳[1]的分类，英文为"Protective taboo"与"Destructive taboo"。保护的禁忌为保全目的物而存在，如不可进入神殿、不可杀神鹿、不可靠近国王的身体。消灭的禁忌

----

[1] 萨姆纳（1840—1910）：美国社会学家，经济学家。社会达尔文主义的主要代表人物之一。——译注

是为驱除或消灭目的物而存在，例如，污秽为不可碰触之物，因此要被除污秽、放逐或处死污秽者。（Sumner，Folkways，P.31.）

第四章　禁忌的成立

　　禁忌恰如法律中的习惯法、成文法，有些因习惯而存在，有些靠设定而发生。虽不知禁忌系何人创立，却广泛存在于大众之信念中，且长久实行。或许禁忌起源于某个事件，众人模仿而成为惯例，经年累月，代代相传，这是因习惯而存在的禁忌。或许禁忌源自君主、酋长、预言家、僧侣、巫祝等人对特定事物制定的禁讳，这便是靠设定而发生的禁忌。

　　禁忌依靠大众的信念而存在，依靠信念而得以实行，因此，可创立禁忌之人，通常被民众敬为半神，或者被奉为神通者，又或是被敬为志勇超凡之人，总之，此人的一言一行都具有唤起人民强烈信念的能力。因此，具备如此精神权威之人，无论何人，皆可设定禁忌，尤其是宗教领袖、预言家，一般最具有设定禁忌的能力，并能将其作为宗教上的戒律。

　　除国王与酋长拥有创立禁忌之权力外，僧侣等拥有社会权力、又被众人信仰之人，往往也具备创立禁忌之权力。此外，一般民众通常不具备创立禁忌的能力，但有时也可遵照习惯而设定，或者是将他人创立的禁忌用于某个事物之上。例如，遵照习惯或者国王创立的方法，以稻草绳圈住自己的椰林，那么任何人都不可进入林中。

设定禁忌之方法极其多样，其中最常见的便是宣言、标示以及接触三种。

一、宣　言

禁忌最初便是依靠国王、酋长、僧侣等拥有禁忌创立权之人的宣言而得以设定。例如，国王宣布该森林为禁忌，那么它便立刻成为禁林，寻常之人不可擅入，闯入者、伐木者、捕鸟兽者都将遭受神罚。再如，当酋长宣布鹦鹉为禁忌时，那么鹦鹉便成为禁鸟，杀害、捕捉鹦鹉者将受神罚。

二、标　示

有许多禁忌是通过在禁讳的物体或者场所上附加符号来设定。例如，在新西兰，人们制作独木船需要木材时，便在树干上系上稻草，如此一来，此树便成为禁忌，他人不可砍伐。当人们想对芦苇地设定禁忌时，便在棍子上系上稻草并竖立在塘中。还有个习俗，外出时家中若无人看守，可在门扉上系上麻绳，以此表示该住所为禁忌，便可防止盗贼入侵。（R. Taylor, Te Ika A Maui, or New Zealand and Its Inhabitants, 1870. pp.167, 171.）马来群岛的帝汶岛上有极多与之相似的习俗，例如，将椰子的树叶作为禁忌的符号；在树干上雕刻符号；在棍子上系上竹叶或者白布，竖立在禁讳的场所，以此作为不可侵犯的标记。

日本的注连绳[1]便是大和民族通行的禁忌标识。注连绳在《古事记》中写作"尻久米绳"，在《日本书纪》中写作"端出之绳"，这两者都训读成"シリクメナハ"。在《古语拾遗》中又写成"日御网"，但后世通常写作"注连绳"，也有使用"绳标""七五三""镇"等字。

注连绳在古史中的初次登场，是在有名的天照大神隐于天磐户的文字里，《古事记》中对这件事有如下记载：

> 天手力男神，取其御手引出，即布刀玉命，以尻久米绳控度其御后方，白言从此以内不得还入。

《日本书纪》中如此记载：

---

[1] 注连绳：用稻草、秸秆编成的草绳，也称"界绳"，在日本用来阻止恶神入内而在神前或在举行神道仪式场所周围圈起的绳。——译注

手力雄神则奉承天照大神之手引而奉出，于是中臣神、忌部神则界以端出之绳，及请曰：勿复还奉。

关于"尻久米绳"之意，贺茂真渊曾说过：

"尻"乃后方之意，"久米"为界限，"尻久米绳"便是天照大神后方所引之界绳。（古事记传八）

本居宣长有如下论述：

尻久米绳（シリクメナハ）便是如今所谓之志米绳（シメナハ），约而言之，"リク"自然被略，仅余"シメ"。（中略）尻为麦秆之尾，久米为米，断麦秆之尾而置米其中，则成尻久米绳。《日本书纪》中写作"端出之绳"，读作"斯梨俱梅雉波（シリクメナハ）"，所谓"端出"，乃出现不断的麦秆之尾，即后世的志米绳之状。

又思之，志米（シメ）意为标结（シメユフ）之标（シメ）乎？若然，与尻久米为同一物而有别名乎？但标（シメ）本为此尻久米所出之言乎？若然，活用成志牟（シム）为稍后之事乎？

第三编 禁 忌

天照大神隐于天磐户之时，从后方拉起尻久米绳，是依照当时普遍存在的习俗方才有此事，并非当下新创之事，这点无须置疑。因为尻久米绳最初出现在古传说及古史中，便以这些古事作为尻久米绳的起源，这是古学者中屡屡所见之误断。有学说认为尻久米绳的名称以及拉绳的习俗始于此时，这便是将初见误当作起源了。

为了获知标（シメ）以及标绳（シメナハ）之词在中古被用于何种意义，如今检索出《万叶集》中与标相关之诗歌，再根据鹿持雅澄的《万叶集古义》之解说，便可知道其意义。《万叶集》卷二，敕穗积皇子遣近江志贺山寺时，但马皇女作御歌：

留作后方恋，宁追君去；
且在路转处，
为侬设标识。[1]

歌意：与其被恋人留下而苦苦思念，不如紧随恋人足迹而去。在所经之路上，在各个容易迷路的路口，请为我结标绳以作记号。

---

[1] 书中有关《万叶集》诗歌的中译文，皆来自赵乐甡译本的《万叶集》（译林出版社）。——译注

根据这首诗歌的意义，可见标（シメ）在此表示目标或者标识。在《万叶集》卷三的譬喻诗中，有一首"大伴坂上郎女宴亲族之日吟歌"：

> 不知山已有人守，
>
> 入山结标识，
>
> 丢了丑。

歌意：不知大伴骏河麻吕已有盟约之妻，却强将骏河麻吕作夫君，如今回想不觉羞耻万分。

另外在同卷有一首大伴宿祢家持之诗：

> 山岩峭险，菅草根深；
>
> 欲拔难上难，
>
> 且结标识存。

歌意：岩石根部之草坚韧而难拔，为防他人下手，先结标识为记号，用此意来表达，虽然佳人不易得，但终归为我所有。

由上述两首诗歌可见，做上标（シメ）之记号，是为了标识出此物为己所占，或者归己所有。依照此例之说明，注连绳写成"标绳"可解释为占有之标识。

此外在《万叶集》卷二的挽歌中，有一首石川夫人歌：

乐浪守山人，

为谁结起绳，

大王他，驾幸已不成。

歌意：为让君王观赏红叶，特设守山人，以防闲杂人等闯入。而君王驾崩后依然固守此山、结上标绳，究竟是为何人而守？天皇如今已不在人世，此山也成无用之物。

在《万叶集》卷七问答歌中，有一首寄稻歌：

石上布留，早稻田；

纵然未出穗，

且将标绳栓，看管。

歌意：稻未出穗，未到收割之时。虽不可收割，但要引标绳作记号，此稻为我所守，他人不可收割。以此喻来表示，虽然幼女尚不可娶，但若长成美少女，怎可让他人得去？遂向仲媒言，先立一契约，此女为我之所有，他人不可得。

由此可见，做标绳记号，是为了彰显某物归属某人的权力，使他人难以任意侵犯。而神社前之注连绳，则是不可侵犯之意义中最为严格的标识，此用法可在《万叶集》卷七[1]的譬喻歌中可获知。

> 祝部祭祀神社；
> 红叶也，标绳若越过，
> 散落。

歌意：祝部[2]虔诚地祭祀神社，庄重的神社前的注连绳，任何人都不可翻越。然而，神社的树叶于秋日之时，也触犯了庄严的注连绳，越过注连绳而散落。我之所思，若是在大多事情上，必是守制禁、慎人目而止；若是在如

----

[1] 日文原文中写的是"卷七"，实际上这首诗歌的实际出处是卷十，此处应该是作者的笔误。——译注

[2] 祝部：日本的神职人员。——译注

落叶那样的模糊小事上，如何能止？

《古事记》与《日本书纪》中的"尻久米绳"与《万叶集》中的"注连绳"在名称上有何关系，我们暂且不论，不过两者在性质上则完全相同。无论是天磐户悬挂的尻久米绳表示"禁止入内"，还是《万叶集》中众多诗歌中的"标（シメ）"表示"禁止他人任意侵入"，都是神圣不可侵犯的标识。由此可见，自古以来就有一个习惯，悬挂注连绳来标示出神圣之物、崇敬之物、敬畏之物、禁忌之物。

在朝鲜，人们相信神栖宿在树木上或森林中，于是就在这些地方悬挂注连绳。制作方法也与日本相同，将秸秆向左搓捻，再挂上稻草、纸、麻等物。家中若有人产子或是有喜事，便在门卜悬挂注连绳，表示参加葬礼、探访病人、屠宰动物、身上出血等人不可越过注连绳，触犯者必遭报应（鸟居博上著《日本周围民族的原始宗教》）。这也是用注连绳来表示神圣不可侵犯之标识的一例。

以注连绳或类似物体来作为神圣不可侵犯之标识的习俗，在世界各地都寻常可见，既存在于南洋诸岛的民族间，也存在于印度桑达尔人（Santhals）中，他们将稻草束捆绑于竹子上，然后竖立在森林、竹林、田野等处，表示任何人不得进入。此外，若是将稻草束捆绑在老树上，则表明这是神圣之树，斧钺不可触。（ Westermarck, The Origin and Development of Moral Ideas. II. p.64.）在马达加斯加，人们在竹竿上悬挂草束，以此作为禁止通行、保护收获之标示。（ Gennep, Tabou et Totémisme à Madagascar. p.184. et seq.）东非的乌桑巴拉人（ Wasambara ）在竖立的竹竿上卷上香蕉叶，以此表示禁止过界。（ Steinmetz, Rechtsverhältnisse. S.263.）南非的巴罗策人（ Barotze ）将稻草绑在物体上，以此表示禁止触摸。（ Decle, Three Years in Savage Africa. p.77.）南美的库马拉人（ Cumanas ）、尤里斯人（ Juris ）将拉上棉线作为禁忌的标识。（ Martius, Rechtszustaende unter den Ureinwohnern Braziliens. S.37. ff.）如上所述，与悬挂注连绳形式类似、效用基本相同之习俗数量庞大，遂不一一列举。

三、接 触

身体的接触是设定禁忌的原因之一。具有最强禁忌性之人或物，往往皆带有传感性，而接触便成为了设定禁忌的理由。国王的身体为神圣之物，国王接触的物品悉数成为禁忌，这是最盛行的习俗。君主的宫殿被称为"禁廷"或"禁里"，宫门被称为"禁阙"，庭院则是"禁苑"，严禁闲杂人等入内。君主行幸、行在之所，都是神圣不可侵犯的君主身体接触过之场所，因此成为禁讳之地，严禁他人进入，这类习俗在许多民族中极为常见。例如，在塔希提岛，国王行过之处都是禁忌之地。在新西兰，酋长旅行途中休息之地也悉数成为禁忌场所，周围环绕竹箭，严禁他人入内。此外，君主之衣物、饮食、车架等君主身体接触过的器物，皆被当作禁忌，这也是极为普通之习俗。上述的禁忌之场所或器物，都是设定者自身拥有的禁忌性的延伸，因接触而将禁忌传染给他物。

第五章　禁忌的分化

　　禁忌是人类最原始的规范。因此，伴随着人类文化的逐渐进步，作为禁忌的原始信仰规范的一部分，或是因数代人模仿、继承而通行，作为原性的对超自然力的恐惧这一信念被人们所遗忘，禁忌仅成为一种习惯规范；又或是由于长老、圣贤及其他社会领袖承认其为德义上之要求，犯禁者不仅触怒灵魂、须遭受冥罚，而且会作为行恶者被社会所摈斥。于是，禁忌的一部分不仅是信仰规范，同时还是习惯规范与德义规范，在某些情况下，几乎丧失了信仰规范的原性，仅成为单纯的习惯规范和德义规范。例如，两性相避的禁忌，几乎是各民族共通之习俗，人们相信，犯禁者会遭受神及其他超自然力的冥罚。在中国古代文化中，我们从周代留存下来的文献中可知，两性相避已经失去信仰规范的禁忌性质，成为习惯规范，或者是成为带有德义规范形式的礼节。吾于禁忌与婚姻之关系的文字中也提及，"男女有别""同姓不娶"是德教的礼制，已经脱离了信

仰规范的范围，进化为德义规范的性质。(《礼记》之《曲礼》《内则》)

　　然而，之后在德义规范中，酋长、君主等当权者认为某些禁忌特别重要，若有违反者，则要以公权力加以制裁。这便是所谓的"出礼入刑"，禁忌这一信仰规范再次分化，成为法律规范。例如，关于"同姓不婚"，《礼记》之《曲礼》中有如下记载："娶妻不娶同姓，故买妾不知其姓，则卜之。"《唐律》之《户婚律》中有："诸同姓为婚者，各徒二年。"《明律》的《户律》中有："凡同姓为婚者，各杖六十，离异。"《清律》中也有相同文字。

　　此外，"男女有别"之礼制本起源于两性相避之禁忌，在中国周代文化中，"男女有别"已成为德义规范。《礼记》之《内则》中有："七年男女不同席，不共食。"《曲礼》中也有如下文字："男女不杂坐，不同施枷，不同巾栉，不亲授，嫂叔不通问。"《内则》中有云："男子居外，女子居内。"又云："男不言内，女不言外。"综上所述，男女之别于礼教中最为严重，其趣旨就如《义疏》中"防淫乱也"所言，在于预防由男女自由交往而产生之弊害，并不是最早的禁忌时代那样，将妇女视为秽物，或是人们相信男女之间的猥亵行为会招致神怒。然而，触犯此类德义规范，达到最严重者，会受到法律制裁。《唐律》之《杂律》中有规定："诸奸者，徒一年半，有夫者，徒二年。"之后人们规定了针对近亲犯奸的刑罚，在《明律》《清律》中，特设犯奸律一篇，以此惩罚奸淫："凡和奸，杖八十，有夫者，杖九十。"其他关于"亲属相奸""良贱相奸"等，皆有详细的刑罚规定。

以上例子仅是在文献上对禁忌分化有明确表示的中国礼制、法制，至于其他各类之禁忌，有些信仰规范一直保有原性；有些信仰规范之原性则被完全遗忘，仅作为单纯的习惯规范存续；有些则由于德性之发达，人们遵守规范并非基于除灾等利害观念，而是出于道义之要求；有些禁忌由于公权力之发展，当权者因公益及其他理由强制要求人民遵守信仰规范和德义规范；也有些禁忌由于公害等原因，须制裁违反者。因此，禁忌有自始至终作为禁忌而留存的，有保留原性的同时又分化为其他规范的，也有丧失原性而分化为其他规范的。

第四编

禁忌与法律

第一章　禁忌与法律

人类共同生活之体制进化发展为国家组织，其团体成员在步入法律生活之前，至少需要数世纪、数世代之漫长光阴以及众多准备条件。而国家之团体形成的准备条件中，最为重要者，便是服从与协和。纵有群众服从首领，横有群众协同和睦，方才能过上持续的共同生活。团体中的服从性与协和性这两大要素，宛如物体中的向心力与凝聚力。生活在同一地域的众人，对同一目标物怀有亲近喜爱、敬畏、恐惧等观念，而且当该观念持续不断之时，人们便对同一目标物产生同一的服从性。由于群众服从同一目标物，因此，他们的生活状态便产生联合的统一，彼此也随之产生心灵的结合，最后组成了永续的团体而共同生活。因敬爱同一父母从而服从父母，便产生家族团体；因敬畏同一祖先从而崇拜祖先，便产生氏族团体；因畏惧同一神灵从而崇拜神灵，便产生信仰团体。如此这般，当众人之观念归向同·中心点时，便因此组成了共同生活的团体。不仅如此，他们的亲近喜爱、敬畏、恐惧之情感相同，风土、气象、动植物等环境相同，因此，彼此间自然产生生活状态之统一，形成了可构成规律生活本质之习惯。

而且，在此习惯中，规范作为法律原质，其中最为重要者，有的来自子孙对父祖共同的亲近之情，有的来自族人对祖灵共同的敬畏之念，有的来自对超自然力的恐惧之心，有的则来自实际生活的需要。其中最原始且最重要的一类，便是禁忌。

服从性是成员的向心力。如前文所述，禁忌源自生物的保全作用，依靠对超自然力的敬畏或恐惧而得以维持，因此禁忌的保有者是社会中的权力者，无论是药师、咒师、预言家、智者还是勇士，皆为群众敬畏服从之人，其中最强大的禁忌保有者自然便成为团体成员服从之中心，对群众有统制力，随后也成为团体构成国家组织的原因。

协和性是成员间的凝聚力。共同生活的基础是协和与不侵，积极一面是各成员相互友爱协作，同时消极一面是成员各守本分，不相互侵害。协和是团体形成、存续及发展的积极性的基本要件，不侵则是其反面消极性的一个条件而已，然而作为与此二者相关的强制规范，须先有互不侵犯的消极规范，防止团体遭受破坏，随后相互扶助的积极规范才徐徐进行，以巩固团结。因此，在国家组织尚未成形或即将成形的初期，那些成为社会规范、维持秩序安宁、保障生命、身体、财产安全的，多数是针对侵害的禁令、针对违令的制裁、来自神灵或其他超自然力的冥罚，以及来自社会权力者或社会成员的责罚与报复。因此，某事不可为，否则便招来灾祸之信念在某民族内盛行时，该信念便导致民族内出现规律生活的习惯，该习惯长久执行之后，当地人便开始了可称为半国家性质的公共社会生活。

禁忌是消极规范。禁忌在原始阶段起源于排除生存危害的本能，依靠对超自然力的恐惧及敬畏得以维持，因此，人类一旦意识到其防害效用后，便将其使用于公私的生活上，或援用恐惧信念来加以维持，或特别附加人为惩罚来强制执行。由此使得禁忌一分为二，一个是单纯依靠迷信制裁来维持的禁忌，另一个是附加人为制裁来维持的禁忌，前者成为宗教禁戒，而后者当中依靠政权得以维持者，便成为法律的禁令。

正如弗洛伊德所言，禁忌最初并非宗教上的戒律，亦非道德上的训诫，也不是生来便是法律上的禁令。基于生存法则的本能防害作用，有些禁忌依靠迷信而扩张，有些则由于效用的认知而被利用，之后被宗教权力者的预言家、宗教领袖、祭司等人作为宗教上的戒律，或者被社会权力者的故老、圣贤等人作为德教上的训诫，又或者被政治权力者的酋长、国王等人作为法律上的禁令。而宗教、德教、法律三大规范中，禁忌原为信仰规范，因此，最初是宗教上的戒律，随后分化为德教的训诫和国家的法律禁令。雷纳克（Reinach）曾说过：

　　宗教在其原始时期本是禁忌的体系，对人之兽性及本能进行精神抑制。（中略）而禁忌体系中规定人与人之间的关系的禁忌，则成为亲族、社交法、德教及政治的核心，与动植物界相关的，便形成了图腾风俗。（Le Roy, The Religion of the Primitives. transl.by N. Thompson. p.76.）

　　果真如此的话，那么最初作为原始宗教戒律的禁忌，如何成为原始的国家法规？信仰规范的法化，主要是因为政治上的原始首领同时也是宗教上的原始首领。原始人的服从，主要是来自对共同的祖灵、图腾神灵、其他神的传人以及得神通之首领的敬畏，因此，原始人共同生活团体的组织发展为原政治社会体制之初，很多首领以神权来进行统治。禁忌称呼的发源地波利尼西亚等禁忌习俗最为盛行的南太平洋群岛上，所有酋长皆以神权来统治自己的子民。波利尼西亚的酋长自称为神的传人，斐济的酋长也自称为神的子孙，其身体不可侵犯（Bail Thomson, The Fijians. pp.57–59, etc.），美拉尼西亚的酋长具有神通之力（R.H.Codrington, The Melanesians. p.46），新西兰的毛利酋长自称为"活神"（Atua），马来、加里曼丹等地的酋长普遍被视为半神，拥有神权。在非洲的罗安果（Loango），国王被称为"神""Sambee""Pango"，卡菲尔人（Kaffirs）认为除了国王之外再无神。在非洲内陆，许多民族视国王为神，在古代埃及，国王亦为神，死后被祭于神殿。秘鲁古代的印加帝国子民自认为是太阳之子，而古印度国王则被认为是神的一员。（Manu. ix. 246. et seq.）在中国，帝王享天命而君临四海（《书经·大禹谟》）。在世界各个地方，人类在经营国家生活的初期，几乎都将酋长视作活神、半神或神的传人，其统治或因接受神谕，或因拥有神通之力。

这类原始的神权统治者针对违禁者，除了固有的超自然制裁之外，还特别亲自施加制裁，此时，其制裁既是宗教制裁，又是法律制裁。既可视其为酋长、僧侣等人奉行神罚，又可视其为政治首领执行法律制裁。针对违反禁忌者，政治首领实施的制裁便是刑罚。禁忌这一信仰规范，其制裁在超自然力的冥罚之外，又发展为政权力的现罚时，便成为法律规范。

在文化初期，成为社会规范、束缚民众行为的禁忌，源自对神及其他不可思议之势力的敬畏及恐惧，这类原因最多，也最强。因此，依靠恐惧而实行的禁忌制裁被半神化的政治首领执行时，该禁忌的禁令便由冥罚转换为现罚，同时亦无失去其原有的神罚性质，故其效力确实大为增强。所以，原始民族获得国家生活的习性、彼此间产生法律观念，多起源自禁忌。新西兰的土著尚未全部拥有国家及法律的观念，但是全族人受禁忌的支配来维持公共的共同生活，这便是最显著的一例子。

泰勒在其著作《新西兰及其人民》中提过：

　　禁忌的有利之处不少。若从社会现状、无法律的状态、人民凶残的性质来考虑，禁忌作为专制政治的代用物并不恶劣，人民靠禁忌构成了有组织的社会。（Rev. R. Taylor, Te Ika a Maui, or New Zealand and its Inhabitants. 2nd. ed. p.172. et seq. ）

由此可见，禁忌是法律之前的公共规范。

互不侵犯是共同生活的第一要件。相互扶助是共同生活的基本要件。互不侵犯与相互扶助互为表里，两者相辅相成，方才能完善所有的社会生活。若要论两者发生的前后顺序，则互不侵犯可称为相互扶助的前提。国家更是如此。国家的第一要义是维持治安，不外乎互不侵犯的实现。古人称"为政"为"治国"，就因为治安是国政的第一要义。单讲"律"时，指的是刑事法，而古代单讲"法"时也主要指刑事法，正如日本维新前，"御法度"一词意指禁令，这是因为所有原始法皆是禁止侵犯令。而且，禁忌在人类社会生活之初，依靠对超自然力的恐惧在民众间广布不侵之戒律，至国家生活发达之后，执政者更往上增添现罚，禁忌方才成为法禁。因此，禁忌是法律的前身。主权不可侵犯来源于此，婚姻关系不可侵犯、财产权不可侵犯皆始于此，刑法禁令亦发源于此。

第二章　禁忌与主权

主权的抽象观念，在原始阶段具体体现为族长权或君权。原始人开始群居生活，群众构成有组织的团体，最终形成国家，这个过程需要许多世代与持续不断的强大的集中引力。正因为有集中引力，组成团体的各人才能恒亘数代地拥有相同的向心力，统一其归向点。正因为有累代共同生活产生的同情心，团体各成员之间也产生引力，团体的凝聚力也随之越发牢固。原始人尚未习惯社会生活，并未意识到共同生活的利益，因此，如果原始人除了依靠血缘感情自然地共同生活之外，再无其他强大的力量来团结成员的话，那么就无法使团体存在甚至发展。况且团体生活渐次发展为国家的过程中，除事实上或假想上的同血族的自然膨胀外，还有不少是因为征服等其他原因造就数个血族团体合并，为了统率异族成员、巩固其团结，就必须有极其强大的集中引力。而要增强集中引力，统率团体之首领的权力就必须不可违抗。换言之，首领的权力必须神圣不可侵犯。

为了使首领的权力不可侵犯，首先就必须令人民对首领怀有敬畏之念。而要使原始人有敬畏之念，必须令他们相信首领拥有超人的能力。首领为了拥有超人的能力，就必须成为半神或神的传人，或者是受神特别优待而拥有超凡能力，或者享天命而君临天下，或者成为通神意之人，如神的特使、预言家、卜筮者、药师等。有了这样强大的向心力中心，群众便会绝对地服从，此时，团体的凝聚力便极为巩固，在内，分工协作逐渐发达，生活有所发展；在外，则可战胜其他团体，能抵御敌人的攻击，避免团体的分崩离析，使团体在优胜劣汰的竞争中以优适者的身份留存并发展。

人类通过积累数百千载的经验适应了社会生活，开始意识到共同生活的利益。与其说是在社会的中心点有强势的牵引力，使各个社会成员之力归向这个中心点，才有了牢固的团体，不如说是社会成员间有强大的凝聚力，方才造就了牢固的团体更为恰当。换言之，凡社会团体的存在，最初必须有首领这般向心的纵向引力与各成员间的横向引力，两者缺一不可。在原始时代，纵向引力构成结社的主因，随着社会的发展，横向引力便逐步取而代之，成为结社的主因。在个人社会性尚未发达的原始人中，即便是迷信，只要有一中心点具备最强势且不可违抗的权力，群众便会归向于他，这点极为紧要，人类就此逐渐取得社会习性，逐步走上开明之路。在原始社会，若牵引力是依靠超自然信仰的制裁而得以维持的话，那么其效力最为强大。

在原始社会，令首领权力具有不可侵犯性之物，便是禁忌。若要增强首领的权力，并使其永续不断，便要将其与民众隔离开，使其生命、身体绝对安全，不仅如此，还要维持他半神的属性，令民众敬畏臣服。首领并非勇武拔群，因此，若允许民众随意接近，则随时会危害其身。首领并非德智过人，若允许民众随意接近，民众便会发现首领并无异于常人之超自然力，且首领恐会自爆短处、恶癖等，会招人鄙视，有损威信。若首领的生命、身体毫无保障，遭到弑逆篡夺之时，则团体的向心力则会屡屡动摇，危及社会的基础。若首领缺失威信，民众敬畏之念淡薄，此时团体的向心力便会松弛，进而削弱社会的凝聚力。因此严禁常人接触或接近首领，进而发展为不允许观视或唤名，以此来避免危害其生命、身体，而且杜绝人们心生轻蔑之意或行诽谤之举。若是有人误犯接触、接近、观视、唤名之禁忌，则早晚必受神罚，以此来绝对保障首领之生命、身体的安全，永远保持首领的权威。此外，将首领的宫室建得宏伟宽敞，将首领的辇车、服饰、兵器、仪仗布置得华贵壮丽，从外部施加装饰以增添其威严，这些都是最一般的手段。然而比这些手段更有效地保住君主超凡的半神尊严的，则是将君主与常人隔离。近则狎，狎则轻慢，这是人之常情。反之，远则不知，不知则不觉，易解之言则以为卑近，难解之论则以为高尚，不可思议之处则敬畏，这也是人之常情。俗话里的"故乡无预言家""女性三美：月黑头、离得远、斗笠下""Distance lends enchantment"，说的就是此理。这便是原始民族在具备政治组织的初期，会产生酋长与族人隔离之习俗的原因。在产生如此习俗的民族，统率者的权威逐渐强大，其民族的团结也随之牢固，在与其他民族竞争中也占据优胜地位，最终便产生国家组织。君主的神圣如此得以维持，君主的不可侵犯如此发生，因此，国家组织既成、君主专权的政体既已确立之后，关于君主的禁忌得到最广泛且最严格的实施，产生了具体的君主不可侵犯的礼仪，在国家有了立宪政体后，便产生了抽象的主权不可侵犯的原则。在原始民族中，君主不可观，君主不可触，君主不可近，君主之名不可唤，君主之事不可言，这些禁忌其实是高等文明国家产生宪法上主权不可侵犯原则的原因。

关于君主的禁忌，可将其分为以下四种。

第一，接触的禁忌；

第二，接近的禁忌；

第三，观视的禁忌；

第四，称呼的禁忌。

接下来便依此顺序进行论述。

第一节　接触的禁忌

禁忌的本意，是禁止接触神圣事物，因此，接触具有神性的首领之躯是最大的禁忌，犯禁者会立遭冥罚。尤其"君主神圣不可侵犯"这条，是君主制的通则，因此严禁接触或接近君主的身体，犯禁者除会受到超自然力的制裁外，在国法上也会犯下不敬之罪。由于君主生命身体的安全是君主制的第一要件，于是君主的生命、身体先因迷信的禁忌受到保护，之后才以严格的国法加以保障。

在美拉尼西亚群岛，祖先崇拜是政权的基础，君主乃神的传人，因此君主的身体神圣不可侵犯，其身体以及贸然靠近皆为禁忌，倘若接触，便会立即遭受祖先神灵之罚。（Bail Thomson, The Fijians, pp.57–59, 64, 158.）马来群岛有个迷信，酋长的身体是神圣之物，碰触者会暴毙。波利尼西亚群岛广泛流行着一个信仰，酋长的权力受到身体禁忌的保护，违禁者必受神罚而死。再如，新西兰人相信毛利酋长是神（atua）的肉身，因此其身体极其神圣，即便是在拯救性命的危急时刻，也禁止他人碰触。某日一酋长食鱼，却鱼刺哽喉，痛苦挣扎，几乎窒息，而他的子民却只能观而惊叹。只因酋长的身体严禁碰触，犯禁者死，因此人们只能远远围绕酋长，吵吵嚷嚷，却无一人敢近身施救。当时有一位欧洲的传教士携带外科器械赶来，拔去鱼刺，救了酋长之命。半个小时后，酋长逐渐口能言语，他最初的言辞，竟然不是感谢对方起死回生之恩，而是怪罪外夷用手碰触他神圣的头颅，令他流了神圣之血。为了让传教士赎罪，酋长便宣布，将外科器械作为赃物没收。（Yate, An Account of New Zealand. p.104. et seq.）

第二节　接近的禁忌

君主最为神圣，绝对不容侵犯，因此接触身体的禁忌具有延伸性，不仅禁止直接碰触，连间接碰触或靠近也是违反禁忌。因此，碰触国王身体的禁忌便延伸至其身体周边以及其居所，任何人都不可侵入，这几乎是各个民族普遍通行之惯例。我们通过《荷马史诗》可得知，在史前的希腊，国王的宫殿及车架乃神圣不可侵犯之物。（Homer, Odyeesy, ii, 409, iv. 43, Illiad, ii, 335, XVII. 464, etc.）在日本，皇宫被称作禁阙，非御前侍者不得入内。此外，在京都御所，承明门以内被称为禁中、禁里、禁廷、禁苑，还有其他如禁闼、禁门、禁垣等称呼，可见与皇居相关的名称中，冠以"禁"字之情况极多，显示出皇居乃禁忌，禁止常人入内。昔日荆轲为燕太子丹刺杀秦王，左手把秦王之袖，右手持匕首，欲刺秦王胸口，然而身未至，袖却断，秦王绕柱而逃，荆轲高扬匕首紧追不放。在如此危急时刻，宿卫士兵虽列队阶下，却无人敢升殿救王，可知当时禁忌的禁制十分严格。（《史记·刺客列传》）

君主身上的禁忌性，经常延伸至君主所有物上。尤其是继承王位之宝器、传国印玺、衣冠等，在禁讳品中属于最重要者，见之者失明，触之者丧命，这是根深蒂固的信念。在马来群岛，国王身体的禁忌性扩及一切王权徽章，当地人坚信，碰触或仿造、模仿宝器、冠服者，会立即受到"王之神威"（daulat）的打击而死。（Frazer, Psyche's Task, p.9.）

英国法中的"国王的治安"（King's Peace）制度，便是接触禁忌的延伸中最显著之例。根据盎格鲁-撒克逊之古法，以国王的身体为中心，周边一定区域被定为"不可侵犯圈"（marghin; inviolable precinct），在此区域内有妨害治安行为之人，便是妨害了国王的不可侵犯权，国王可将他处以死刑，并没收其财产。

此不可侵犯圈的测定法，明显表明"国王的治安"这个观念的起源就是禁忌。依据埃塞尔雷德国王（King Ethelred）的法律，此不可侵犯的测定方式是这样，从家门口投射标枪，以标枪的到达点为基准画圈，以此圈为单位，称为"标枪射程"

（Lance-shot），依身份的不同，有二标枪射程、三标枪射程，依次扩大范围。因为在古代，标枪射程是弓箭之外的武器能伤人的最大射程，因此将其作为不可侵犯圈的单位，为了保障人身安全，依地位尊贵程度相应扩大其范围，尊贵如国王，人们在投射或投石以外之距离画出其治安圈的周围线，使国王处于最安全的位置。例如，爱尔兰的古法布里恩法典（Brehon Laws）中规定，测定标枪射程之枪的长度，从枪尖至末端十二拳头长，波耶尔（bo-aire）级别之酋长的不可侵犯圈为一标枪射程，上一级的耶德萨（aire-desa）级别之酋长则是二标枪射程，随着等级提高，其范围亦逐步扩大，到了总酋长级别之国王的不可侵犯圈，便为六十四标枪射程。标枪射程是测定身边不可侵犯圈最自然的单位，然而，之后随着国王权威增强，其范围越发扩大，便人为地设定了许多规则。至十一世纪，"Pax regis"（国王的治安圈）以国王的宫殿或行宫大门为中心，周围以"三英里""三弗隆[1]""三英亩宽""九英尺""九掌宽""九巴利肯[2]"（three miles, three furlongs, and three acre-breadths, nine feet, nine palms and nine barley-corns）为距离画圈（Palgrave, Rise and Progress of the English Commonwealth. i, 284-5）。此外，忏悔

---

[1] 弗隆：英国长度单位，等于八分之一英里或201.168米。——译注

[2] 巴利肯：古尺度名，等于3分之1英寸。——译注

者爱德华以及亨利一世的法律中规定，以宫门为中心，周围以"四英里""三弗隆""九英亩宽""九英尺""九巴利肯"为距离画圈（L. L. Edw. conf. C.12, L. L. Hen. I.），并将其距离称作"宫廷界限"（Verge of the Court）。治安圈的设定在最初等同于接近的禁忌，目的是防止他人对酋长或国王的身体造成直接危害。尔后，在治安圈区域内发生战争、杀人、抢劫、盗窃等行为，便是危害国王身边的安宁，间接危及国王，必须处罚。（Cherry, Growth of Criminal Law in Ancient Communities. Lect. VI.）亨利八世的三十三年第十二号法律便是其中一例。

> 恶意攻击他人，导致在宫殿以及其他国王居所境内发生流血事件，便是侵害"国王的治安"。（33 Hen. VIII. C.12.）

英国"国王的治安"的观念，原是制定安全区域保护国王的生命、身体，随着王权发展，其范围自然也相应扩大。在盎格鲁－撒克逊时代，国内尚未治理，族战、私斗频发，法令、习惯也公认私斗，只不过限制私斗方式而已。（Law of King Alfred. C.42.）因此，在这样的社会里，严禁争斗、盗夺的"治安"利益之大，自不待言。

通过设定治安圈，不仅可以保障国王的生命、身体、财产安全，而且可使圈内人民同样免除杀伤、盗夺之险，共享其余惠。此外，国王可将自己的"治安"授予臣下，领受者便可得到其身体、住宅以及领地不可侵犯之特权。因此，一方面，普通百姓为国王的治安圈扩大而欢欣雀跃，宠臣、贵族等热切盼望国王授予自己"治安"；另一方面，国王扩张治安圈既可扩大自己的权力圈，又可对圈内发生的治安紊乱罪处以没收财产、缴纳赎罪金与罚金等惩罚，以此增加收入，有形、无形之利益委实不少。如此一来，治安圈的扩张是君民共同盼望之事，因此，从盎格鲁-撒克逊时代末期至诺曼王朝初期，"国王的治安"每遇机会便扩大其范围，最终遍及全国。

"国王的治安"并非如后世学者所说的那样，是抽象地属于王位，而应该是具体地属于居王位之人。"国王的治安"最初就不是"王位的治安"（The peace of the Crown），而是"王者的治安"，也就是"威廉王的治安"或"亨利王的治安"（The peace of William or Henry）。（Pollock，Oxford Lectures. p.37.）因此当国王驾崩时，"国王的治安"便随之共同消失，从这个瞬间到下一位国王即位、发表《治安宣言》为止，任何人都可擅自做出杀伤、盗夺之举，恰如在"国王的治安"圈外无生命、财产保障一样。1135年，亨利一世驾崩的消息一传遍全国，各处立刻出现争斗、掠夺，举国上下忽陷入一片混乱。亨利三世驾崩时，因为太子爱德华加入十字军，正在远征巴勒斯坦的途中，所以在等待新王归国的期间，国内秩序混乱，盗贼横行，贵族们专断地采取临机处置，以国王之名发表治安宣言，以此维持国内秩序。自此之后，"国王的治安中止"（suspension of the King's peace）绝迹。这起事件足以证明，古代"国王的治安"来源于专属国王的禁忌观念。

治安圈的扩张即王权的延伸，除了以国王身体为中心自然扩张范围之外，还依据国王的意志而扩张。依国王意志而进行的治安扩张与人、时、地相关。

与人相关的治安扩张是"国王亲授的治安"（Cyninges handgrith；pax regia per manum vel breve data），最初是国王授予侍臣、敕使以及其他从事王室事务者敕书"保护状"（writ of protectiong），后来也授予贵族等人。征服者威廉国王曾宣旨，凡来自故国诺曼底之人，皆在"他的治安圈内"。被国王亲授"治安"之人，自己的生命、身体、名誉、自由、财产皆有安全保障，若有侵犯者，则作为扰乱"国王的治安"者被处以严罚，因此，在当时无秩序可言的社会里，国王亲授的属人的"治安"自然极为贵重。在诺曼底征服战胜利当时，这种亲授的"治安"以高价被买卖，例如，金银珠宝商旅行时，就向贵族高价购入，以保证自己的生命及货物安全，这在当时十分普遍。（Pollock, Oxford Lectures. p.76.）

与时相关的治安扩张是国王特地指定节庆日以及其他特殊

日子或时期，将"国王的治安"遍及全国。例如，在国王加冕日，国王便发布敕诏，从加冕日开始一周，全国广布"治安"。此外，在圣诞节、复活节、圣神降临周这三大节日开始的一周内，"国王的治安"亦遍及全国。

由加冕仪式上的敕诏而宣告的"治安"，最初只以一周为期限，后来便不再规定期限，到了十三世纪，"治安"可在国王在位期间一直持续。

与地相关的治安扩张不以国王的居所为中心，而是国王将一些特定的场所宣告为治安区域。最著名的例子，就是在盎格鲁-撒克逊时代，四大国道：瓦特林街（Watling Street）、银鼠街（Ermine Street）、福斯路（Fosse Way）、伊克尼尔德驿道（Icknield Way）被宣布为"国王的治安"区域。爱德华忏悔王的法律（Edward the Confessor.12）中也记有四大国道的治安区域，往其他城市运输粮食的重要水路也是"国王的治安"区域。上述四大国道中，前两条大道纵贯王国，而后两条大道则横贯王国。后世"国王公路"之称谓便来源于此，而拦路劫匪被称为"highwayman"，大概也是源自当时的社会状态。征服者威廉的法律第二十六号有如下规定：

> 凡在瓦特林街、银鼠街、福斯路、伊克尼尔德驿道上杀伤或殴打旅客者，即是扰乱国王治安之人。（Will. I. 26）

这种治安的扩张，是因为当时盗贼横行，公路上屡屡发生强盗、杀伤等事，为保障旅行安全，初次将公路中最为重要的地段编入国王的治安圈内。此四大国道的治安保护，是英国治安普及全国之基础。纵横全国之四大国道以及附近发生的犯罪事件，均被定罪为治安扰乱，不仅如此，即便是在其他场所发生的事件，也被告发为于国道发生之事。

与地相关的治安扩张明白无误地显示出"国王的治安"脱离禁忌的原始观念、转变为法治观念的途径。国道上的"国王的治安"是国王自身的安全保障转移至其领土上的产物，而实际上则是完全为保护人民而设定，因此，国王在维护自身治安之名义下，负有在其区域内为人民维持治安的公职。

如此一来，国王作为"王国的治安总维持者"（The king is the general conservator of peace of the Kingdom）处罚扰乱治安的行为，至后世，国王作为"正义的源泉"（The king is the foutain of justice）总揽司法权。（Blackstone's Commentaries. I. p.266.）

然而，"国王的治安"这一观念，源自对国王身体安全的保障，因此，治安扩大到与国王身体安全无关的场所，是一个非常革新，完全改变了治安的意义。故在此情况下，依照保守社会惯用的手段，利用了"国王的遍布性"（Ubiquity of the king）这一假设，表示国王在王国内无处不在，宛如国王之气息一般，环绕其身体的治安延伸至王国的每一寸土地，以此令人民不起

惊异之念，"使原先仅限于王室内的保护遍及全国"。（Pollock,
Oxford Lectures. p.87.）

最初基于禁忌观念的"国王的治安"经过如此的延伸，最终成为"王国的治安"。其结果，便是国王自身的治安变为"人民的治安"，王国内扰乱治安之禁忌，便是刑法之全部，保障了人民生命、身体、名誉、自由、财产的权利。这便是英国法将一切犯罪视为扰乱"国王的治安"（Pollock and Maitland. I. ch. II.）、国王是"治安总维持者"（General conservator of the peace）的原因。国王是一切刑事诉讼的原告，以"皇帝对某人"（Rex. v. John Doe）之形式起诉，其起诉状（Indictment）之结文写法皆有一定惯例，被告某人杀害某人、盗某人之物、诽谤某人、欺诈某人，"扰乱皇帝的治安""…against the peace of Our Lord the King，his crown and dignity"。

因为"国王的治安"这一观念最初源自接触禁忌的观念，所以正如名称所示，是为了直接保障国王自身的生命、身体与生活的安宁。因此，"扰乱国王的治安"（Breach of the King's peace）最初并非有害公共安宁秩序的行为，而是针对国王的个人反抗或逆行，犯罪者被视为"国贼"（King's enemy）。然而到了后来，由于禁忌观念的延伸，其意义也发生改变，国王的治安成为国家的治安，扰乱治安包含了一起犯罪，在起诉状上，却依然保留了旧式的文例。

　　日本自古以来保有升殿[1]资格与参见制度，其渊源也是来自禁忌中的隔离敬远主义。为了保障君主的身体不可侵犯，最切实可行之举，就是令他人无法随意到达可能加害君主的距离。因此，随着礼仪的完备，产生了敬远的习俗，而随着法制的制定，又产生了依照身份或职务而定的升殿资格与参见制度。

　　关于升殿资格的制度也属于接近的禁忌。中古[2]以后，将进入禁中殿上称为升殿，一般是五品[3]以上的朝臣。虽说如此，但若无特别升殿许可者，不可进入清凉殿的殿上[4]。可升殿之人被称为殿上人、堂上人、上人、云上人，与此相对应，不可升殿之人被称为地下人或者下人。最初升殿不依官阶，而是依人而定，因此，虽是位列三品以上的公卿，若无特别许可，无法升殿。后来定了堂上、地下的门第之分，或者一般情况下，显职高官被称为堂上人、殿上人，而其他人则是地下人。但是，唯有藏人[5]不同，即便是六品的藏人，也可升殿处理殿上事务。《枕草子》中有如下记述：

----

[1] 升殿：日本指被允许进入位于宫中清凉殿南侧的殿上。——译注

[2] 中古：在日本，指的是平安时代。——译注

[3] 五品：古时日本宫中允许进入金殿的最低官阶。——译注

[4] 殿上：日本清凉殿南厢供殿上人等候的房间。——译注

[5] 藏人：天皇侍从官，平安时代主要掌握常提诏敕的传令、上奏、各类仪式等政务。——译注

（有些人）为某某人的儿子，虽有四品、五品、六品的官职，却位居下首，无人可见。但倘若成为藏人，则格外可喜可贺。

由此可见，当时人们将当藏人纳入"可喜可贺"之事中。此外，需要侍医诊断之时，允许其升殿，如此临时特许之升殿被称作"半升殿"。如平氏[1]一族，虽说是桓武天皇的后裔，但其家世仅为地下人的武士阶层，在平正盛[2]之前，好几代皆担任地方官，积累了相当的功绩，但是，依然不被准许升殿。至平忠盛[3]之时方才有了升殿资格，因此，当时殿上人大为愤恨，企图在丰明节会之夜对平忠盛大加羞辱，这段故事被记录在《平家物语》中，是段著名的典故。如此有官阶、带勋功之臣僚之所以被限制出入宫廷、上下殿上，是因为天皇乃神圣之人，常人不可轻易观视或接近。

在德国的王政时代、帝政时代，也有"Hoffaehigkeit"（进宫资格）的制度，最初只有贵族才拥有进宫特权，但后来也将进宫资格授予高官、硕学、议员等人。

---

[1] 平氏：日本平安时代受赐"平"姓而由皇族降为臣籍的氏族。——译注

[2] 平正盛：促使平氏在日本当权的武将。——译注

[3] 平忠盛：平正盛之子，继承父业，他的军事和外交才能使平氏成为日本最有势力的家族，给他的儿子平清盛实际上掌握全国的政权奠定了基础。——译注

第三节 观视的禁忌

观视，相当于以目触物。因为在原始社会，隔离在保生作用上十分重要，因此，面对如神体、君主、灵物等神圣之物或人时，接触禁忌会延伸，不唯独禁止靠近其躯体，也严禁视线接触。

在原始社会，观视酋长或君主的身体或颜面是最严重的禁忌。用凡眼仰视君主，就是亵渎君主之神圣，等同于犯下渎神罪，至国家组织产生后，便成为大不敬之罪。因此，在蛮民间广泛流行一个迷信，凡夫俗子以目接触君王身体之时，会立即遭受神罚，或眩晕、或颤抖，甚至失明。而笃信此迷信之人，有不少人在误看君主之时，会因极度恐惧而头昏目眩以致昏厥。其中失明被视为观视禁忌中最为普遍之制裁，即便是如今，仍有"见则眼盲"之说法，这便是形容以目冒犯神圣者的报应。因此，君主在内则深居，出外则驱赶行人，严禁观望或窥视，召见他人时，必用幕布、障子或帘子遮挡，隔离凡俗的观视，令民众的崇仰之念越发加深。

观视的禁忌在一定文化程度上可谓人类的一般习俗，任何国家都不乏其例。从《摩奴法典》中可知，雅利安人的祖先曾有此习俗。法典第七章有如下记载：

国王由诸神的微分子构成，其光辉超越一切造化物，如太阳般会灼烧眼睛及心脏，世界上任何人都不得仰视。（The Laws of Manu. vii. 5–8. Bühler's translation.）

据希罗多德所言，在玛代王国，也有严禁观视国王的习俗。（Herodotus. i. 99.）观视国王便是亵渎神圣者，触犯禁忌，因此，不仅要遭受神罚，还因冒犯君主尊严，须受到人的惩罚。

君主躲避人民观视的方法之一，便是深居宫中。在西非的鲨鱼岬（Shark Point），国王独居深林中，不仅不能出宫，甚至不能离开王座，夜晚只能睡在王座上。费尔南多（Fernando Po）的国王脚带枷锁，被系于宫殿之中。奥尼查（Onitsha）的国王需要出宫时，必须杀奴隶祭神。色诺芬曾记载过，摩士来西（Mosynoesi）的国王常年居于高塔之上，不许降至地面。（Xenophon, Anebasis. v. 4. 26.）

由于观视禁忌的原因，国王时常蒙面之习惯颇为盛行。例如，达尔富尔（Darfur）的苏丹以白布蒙面，仅露眼睛。在中非，也有很多民族以蒙面作为君权的标志。

国王召见臣下时以帘子或幕布遮挡的习俗，也在诸民族间盛行。瓦达伊（Wadai）的苏丹以及博尔努（Bornu）国王时常在幕布之内与臣下对话。崇卡（Chonga）的国王赐臣下谒见时，垂草帘而坐于内，不现身而谈话。哥伦比亚的穆伊斯卡

（Muysca）印第安人将观视国王视为大不敬之举，当要奏闻时，以背立为礼。若有盗犯受刑罚数次依然不思悔改，最后的刑罚便是引他去面见国王。观视国王而冒犯其神圣之人，被视为大不敬之人，族人与其绝交，无人与其贸易，甚至无人与其交谈，以致犯禁者最终饿死道旁。蒙特祖马（Montezuma）被臣民尊崇为神，国王外出时，但凡有观视者，即处死刑。此外，国王、酋长通过深居、蒙面、垂帘等方式来避免观视的习俗，在一些半开化文明的民族中颇为流行（Frazer, Golden Bough. Part II. ch. iii.），即便在文明国家的礼制中，至今仍存有不少遗习。

在日本，自古以来天皇神圣不可仰视。在明治维新之前，天皇端坐九重云深之宫殿，一般只有五品以上的朝臣方可升殿。天皇赐朝臣拜谒时，端坐御帘中，朝臣不可拜见龙颜。楠木正行与高师直决战，为全忠孝，在最后参见时，"主上则高卷南殿之御帘，玉颜殊丽，照临诸卒，召正行靠近，曰：'朕以汝为肱骨，应慎而全命。'正行头着地，不及敕答，只是思定此为最后参见而退出"。这段《太平记》中记载的著名事件，只能说是异数之恩遇。在德川时代，京都所司代上京参见时，御帘半卷，是惯例。但是板仓重矩被任命为京都所司代时，曾无意间说出："虽为惶恐之事，然与天颜近在咫尺，却有名无实。"便强乞高揭御帘，得以拜见龙颜。此事于《常山纪谈》中可见。连所司代这样守护帝京之官吏都不可拜见天颜，更何况一般百姓。

在德川幕府鼎盛时期，将军外出时严禁庶民观视。将军参拜上野东睿山及芝三缘山寺庙或外出狩猎时，除非有特殊情况，否则道路两旁所有屋舍的窗门必须紧闭，或者造挡板、围墙来遮挡，或者将门窗缝隙糊住。

《家守杖》一书记载有将军出行时，当局会在所经之处颁布如下文之条文，命各町严防警戒，住民言行谨慎。

一、御驾所到之沿途，护驾武士颁布之条文，如下所示：

规定条文之事

一、今日御驾出游上野。

御驾光临时，町内注意防范火柱，二楼窗户紧闭，不可上人，尤不可窥视，不得发出声响。

一、不可递交诉状。

一、御驾沿途，他人不可靠近，僧人、猎户、瞽女[1]、瞽男、理发师、留全发[2]者、着短外褂之妇女、浪人、形迹可疑者不可出现。

----

[1] 瞽女：日本室町时代以后，在乡村巡回的失明女艺人。——译注

[2] 全发：日本古代男性发型之一，头发不剃成半月形。——译注

一、突棒[1]、钢叉、刀具、飞镖等器物一概不许出现。

一、发簪及发上醒目饰物必须去除。

一、为御驾开路时，若无指令，将军所到之处任何人不可通行。

上述条文，应严格遵守，不得违令。条文张榜之处，务必遵照执行。

年号月日　某町月行事某人　印

五人组某人　印

名主某人　印

某某军队

某人

从这份记录中可看出当初观视禁忌执行之严格程度。该制度至文久二年（1862年）十月方才废除。当时有一个脍炙人口的落语[2]，某将军问侍臣："余早有耳闻，两国[3]乃热闹非常之繁华地，为何余今日通行时竟悄无人影？"侍臣回："只因将军御驾光临，方才如此。"将军便叹道："既然如此，余只得微服出

---

[1] 突棒：一种丁字钩棒，日本江户时代用来捕捉犯人的武器。——译注

[2] 落语：日本大众曲艺之一，日本独特的说话艺术。——译注

[3] 两国：位于日本东京都东部、隅田川两岸，从墨田区西南端至中央区东北端的地区。——译注

行。"小小故事反映出当时将军权势之盛、幕吏严格执行观视禁忌之真相。

德川幕府的制度中有"谒见以上"与"谒见以下"之两类格式。所谓"谒见以上"，就是有资格谒见将军，"谒见以下"便为无此资格。有谒见资格的是国持大名[1]、外样大名、谱代大名、京都所司代、大阪城代、若年寄[2]、数寄屋头[3]、同朋[4]、小石川药圃[5]主管等。而鸟见[6]、特等船乘役、天守番、富士见宝藏番[7]、账本调查人员、建筑工程人员属于无谒见资格。属于"谒见以上"之人可以谒见将军，直接与其对话并作答，但若偶遇将军，却不算为谒见，不能直接询问或作答，必须通过近侍者对话。当时各藩也皆备有谒见制度，仅对下士[8]资格以上的官员制定各自的谒见资格。

由于谒见将军有上述规制，因此当时被视为卑贱的少数民族

----

[1] 国持大名：日本江户时代有一国以上领地的大名。——译注

[2] 若年寄：日本江户幕府的官职之一。——译注

[3] 数寄屋头：日本江户时代掌管茶会庶务的职位。——译注

[4] 同朋：日本江户时代在幕府中担任殿中大名的向导或做杂物者的职衔。——译注

[5] 小石川药圃：日本江户幕府为栽培东西方各种植物而开辟的园圃。——译注

[6] 鸟见：江户幕府的一个职衔，专门负责管理将军的训鹰场。——译注

[7] 番：看守人。——译注

[8] 下士：下级士官。——译注

与外国人自然毫无谒见将军之可能。德川幕府采取锁国政策，唯独允许荷兰人从长崎入境通商，尔后年年有使节前来江户，贡献特产，或报告欧美各国之形势。然而这种使节到访，不称作谒见、召见、或拜谒，而是有个专有词汇，叫"荷兰人御览"。

第四节　称呼的禁忌

对神圣的君主敬而避之的习俗因君权的发达而加速发展，不仅不允许接触、靠近、观视君主身体，也严禁直呼君主之名。因此对于君主的敬避，除了触觉之外，还延伸至视觉、听觉，不可用言语接近君主，禁止直呼其名或谈论其事。文字产生后，不可书写君主之名，若要书写，则定下规矩，须更改其文字，或者漏写部分文字，又或者将君主之名与其他文字隔离而写。虽然名称不过是表示事物之符号而已，但半开化文明的民族却时常把名称与实体一视同仁，认为名是实之宾，姓名为人格之一部分，与人的命运不可分离。当名称与实体同等对待时，直呼其名即接触实体。直呼其名，是声音上的接触禁忌，而书写其名则是形态上的接触禁忌。因此，敬其名便是尊其人，辱其名便是侮其人。对人的敬避延伸至名称，是各个民族最为盛行的习俗。称呼敬避的习俗可将其分为三个种类：秘名俗、避说俗、避书俗。

一、秘名俗

敬避君主之名的极致，便是严格保密，不让公众知晓，从根本上杜绝冒犯亵渎之可能。在达荷美（Dahomey），国王之名十分神圣，凡俗不可知晓。若常人得知国王之名，则会直呼其名，亵渎国王尊严，也有可能被逆贼、政敌利用，进行下咒或者侮辱。因此，必须对国王之名严格保密。达荷美的国民完全不知道国王的真实名字，谈及国王之事时，只用夸赞其威德之称号"纳色士"（nyi-sese）。该词表示"威名"，是代表国王勇武的尊号。弗雷泽在其著作中曾说过，在泰国，国王的实名往往秘而不宣，以避免公布后遭人诅咒。若有人直呼国王名字，则有牢狱之灾。因此，民众无人知晓国王之名，仅用"大帝""神之子""至尊"等尊称来称呼国王。

二、避说俗

因为当时人们有名实合一的幼稚思想，因此不可接触、接近其身体以表敬畏的习俗，衍生出了不可以声音接触的习俗。君主等显贵之人的名字，即便百姓知道，也不可言说，否则，等待违禁者的将会是宗教惩罚、社会惩罚以及法律惩罚。中国的“名讳”礼制、日本的“忌名”制度，皆来源于此习俗。

直呼显贵之名乃大不敬，这基本上是人类共同的习俗，即便在高等文明的民族中，敬避他人实名的习俗，现今仍然作为社交礼仪而普遍存在。有些学说认为“忌名”不存在于古代日本，中国的“名讳”始于周代等，都是容易引起误解的说法，只可姑且将其当作“名讳”相关礼制尚不具备之看法。吾曾以《与讳相关之疑》为题作一论文，提交至帝国学士院，论述实名敬避俗之世界性，并论证了“忌名”非日本习俗这一学说的错误之处（大正八年二月《帝国学士院第一部论文集》邦文第二号），希望读者可将其作为参考。

在波利尼西亚，国王及酋长的名字属于禁忌，相同词汇自不必多说，连与名字发音相近之词也须被废除，以其他词语代替，这个习俗在当地十分普遍。塔希提岛亦有相同习俗，改朝换代必会产生新词汇，听闻经历数代之后，民族语言上产生了显著变化。

非洲祖鲁（zulu）的避说俗是最著名的例子之一。国王的名字甚至尊长及祖先的名字不仅不可称呼，连发音相近的词语也要悉数回避，以其他词汇代替。例如，国王的名字是“Umfan–Oinhelela”，则“enhlela”（道路）要说成“inyatugo”。先土的名字是“Manzini”，则“manzi”（水）要改为“mata”。

国王的祖父名为"Imkondo"，则"umkondo"（枪）要改成"embigatdu"。三代前的国王名为"Tshani"，则"tshanti"（草）从此被"inkosta"替代。（Frazer, The Golden Bough, II. p.376.）不仅不可说出与历代国王之名发音类似之词汇，甚至必须悉数被禁用，另外创造新词来取代。因此，每遇国王更替，祖鲁语都要发生改变，有不少原先的常用语被废，以新词取而代之。除了国王的名讳之外，酋长之名也是禁忌，因此，每一族的敬避语都大有所异，而且每家每户也避讳祖先之名，家家户户皆有家族内的代用语。如此一来，祖鲁语中的国语、族语、家语夹杂不清，有因国王名讳而作的新词，有因族内避讳而创的新语，还有因家内避讳而生的新词。因此，一个事物有数十种说法，也非稀罕之事。

在非洲切拉（Ghera）的盖拉王国（Galla），直呼国王之名者会被判死刑。因此，说出与国王名字发音相近之词，有因误听而丧命之危险，所以悉数废除，以其他音调之新语来替代。例如，卡瑞（Carre）女王在位时，"hara"（烟）变为"unno"，"arra"（驴）变为"culula"，"gudare"（马铃薯）变为"loccio"。

在中国，也有避讳口呼显贵之名而变更字音之事。例如，东吴的孙权之父名为"坚"，于是原本与"坚"同音之"甄"便被改音为"真"。

　　"名讳"与"忌名"之礼制与法制源自禁忌习俗，它们皆表现出一种信念，直接口呼他人之名，等同于以声音接触或狎近他人，因此不可冒犯亵渎其人之尊严。不轻易对高贵尊长直呼其名，就是对对方之敬礼，于是便以一些词汇取而代之，有些词表现出此人之品德，有些词表示出此人之地位，还有些表示出此人之住所，这种替代方式，如今依然在仪式或交际上遍行。

　　"讳"一词，原为对死者名字之敬避。《礼记》对"卒哭乃讳"之注解上有云："讳避也，生者不相避名。（中略）卒哭乃讳，敬鬼神之名也。"《字汇》中写："生曰名，死曰讳。"《正字通》中也有："既死，讳其生前之名，故曰讳。"这便是讳之原义。然而，这是对死者避讳之礼制，不应产生"生前直呼尊贵之名并非无礼"之相反结论。从礼书等古典中之记载可得知，自古以来，人们都忌讳在某人生前直呼或书写其名，多以敬称代替。更何况至后世，人们将生前应敬避之名也称为"讳"，这可从相关考证中获知，《日知录》之"生而曰讳"中写道："生曰名，死曰讳，今人多生而称人之名曰讳。"

　　中国的避讳制度，在殷以前，由于无文献，遂不可考。然从周代开始便有讳法，由此观之，至少尊名敬避之习俗早已存在。过去，学者论述事物起源时，往往将初次出现于文书中的时间说成是起源。例如，中国的文物制度多始于周代之说，便是一例，认为避讳制度始于周代的说法也是一例。周代的文物载于《周礼》等其他古典而留存，而文书中遗留的殷之前的事物，除了近代屡次发掘出的甲骨文之外，再无其他。因此，若仅凭文书典籍来考证，则中国的文化仿佛至周代突然兴起一般，可见有文书记录并非与其事之有无相关，文书上之初现并非其事之起源。尤其是来自民信、民俗之礼制，其文书记载多是在已有发展之时，或是在完备之后。因此，学者往往认为避讳制度始于周代，殷之前尚无讳法，这种说法即便从人类学比较观察上来推断，也多少令人存疑。

如今姑且不论中国避讳起源之问题，历史前进至周代，讳法既已存，秦汉以后，历经数个世代，避讳之礼制越发繁缛，至唐代，已有相关制裁之律文，再至清朝，其礼制、法制已然严密非常。

在中国，不呼君父尊长之名，不用其字，以此为礼。不仅如此，甚至连与避讳之字同音或近音之字也避之不用。这便是所谓的嫌名避嫌之法。所谓嫌名，字异而音同或音近，如"禹"与"雨"，"丘"与"区"。然而，《礼记·曲礼》上写："礼不讳嫌名"，《唐律》中有"嫌名不坐"之条文，《明律》《清律》中也有"声音虽相似，若字样分别，则不坐罪"之规定。可见虽然嫌名避嫌并非礼制，亦非法制，但事实上，人们却屡屡遵循同音敬避之法，上述东吴孙坚之例便可知。

此外，《礼记·曲礼》上写："二名不偏讳"，《礼记·檀弓》上也记载，孔子之母名征在，故"言在不称征，言征不称在"。若是二字或二字以上之名讳，应避讳使用全名，但仅用其中一字则无妨。因此《唐律》中有"二名偏犯者不坐"之条文，《明律》《清律》中也有"有二字时，仅犯一字者不坐罪"之规定。如此在刑法中特以明文来明示无罪之举，至少是因为对违礼尚有疑虑。除此之外，避讳制度逐渐成形，敬避之范围也随之加倍扩大，有庙讳、有陵讳，有敬避外戚、储嗣、大臣、州守、圣人等名之制度，在作为公讳的国讳之外，还有私讳范畴内的家讳，要敬避父组之名，而且敬讳的方法，实在繁缛至极。

秦始皇的名字是"政"，因此连同"正"都必须避讳，"正月"改称为"端月"或"一月"，"正直""正言"等词之"正"也被"端"字替代，这便是同音之嫌名避嫌。后汉之光武帝名字是"秀"，于是"茂"字便取代了"秀"，"秀才"成了"茂才"。可见为敬避名讳，便用与讳字有相同或类似意义的其他字来代替，此为历代之通例。此外，为敬避名讳，或称小字，或改字音。例如，上述之东吴孙权之父名为"坚"，本与"坚"同音之"甄"便改音为"真"。还有为避讳而更改地名、更改物名的情况，隋炀帝之名为"广"，因此"广安郡"改为"马邑"，汉高祖之后吕氏名为"雉"，于是把"雉"改称为"野鸡"，清高祖之名为"弘历"，于是"历本"遂成为"时宪书"。

日本名讳制度乃根据中国礼制而定。《职员令》之职制中，记有治部卿掌管名讳一事之记录，《义解》中写道："讳，谓讳避也，言高祖以下名号，讳而避之也。"《集解》中有如下文字：

> 释云，皇祖以下御名避，古记同之。
>
> 迹云，讳者不限死生，时有可讳之事者，此司申发，令讳耳。
>
> 穴云，讳避也，隐也，忌也。

例如，假设有人名"春日王"，便应把"春日山"改称为"东山"。

《续日本纪》中记载有延历四年五月之诏书，如下：

> 臣子之礼，必避君讳，此者先帝御名及朕之讳，公私触犯，犹不忍闻，自今以后，宜并改避。

由此可知，在日本，讳并不局限于其人死后。伊势贞丈在《四季草》《贞丈杂记》中痛论，将天皇御名于生前称为讳极为不敬，这是他过于拘泥讳之原意，未曾想到语言、文字意义之变迁。

为敬讳天皇之御名，百姓姓名中不可使用同字、同音字，

同字、同音之姓名必须更改。例如,《续日本纪》和铜七年六月之条文中写道:"若带日子(ワカタラシヒコノ)姓,为触国讳,改因居地赐之国造人姓,除人字。"这是因为成务天皇的御名为稚足彦尊(ワカタラシヒコノミコト)。

《类聚三代格》中记有一条天平胜宝九年五月二十六日之敕令:

> 敕,顷日百姓之间,曾不知礼,以御宇天皇及后等名,有著姓名者,自今以后不得更然,所司或不改正,依法科罪,主者施行。

盖当时庶民并不知讳避之礼,时有犯禁之人出现,朝廷遂意欲在百姓中励行讳法。

《类聚国史》淳和天皇弘仁十四年四月壬子之条文上,将"大伴宿祢"改为"伴宿祢",只因天皇之御名为"大伴"。为敬讳御名,不仅修改人名,连郡、乡、山、川之名称也必须更改。例如,依据桓武天皇之诏文,为讳避光仁天皇之御名"白壁",姓氏"白发部"改为"真发部",桓武天皇之御名为"山部",便将百姓姓氏之"山部"改为"山"(《续日本纪》)。除此之外,平城天皇之御名为"安殿",于是纪伊国的安谛郡改为有田郡。嵯峨天皇之御名为"神野",于是伊予国的神野郡更名为新居郡。这番改动，皆因上述这些地名触犯了国讳。《类聚国史》仁明天皇天长十年七月癸巳之条文中写道：

> 天下诸国人民，姓名及郡、乡山川等号，有触讳者皆令改易。

由此可知，讳避的范围涉及人名、地名。根据和田英松博士刊登在《国学院杂志》第九卷第二号的论文《本朝避讳之制》所记，叙位任命之日，与历朝御名相同之人，必先改名，后方能叙位、任官，然而，在无叙位任命的人当中，有些人并无讳避御名，因此朝廷下令励行之。可见中古以来御讳敬避之制本是有张有弛，但朝廷却依旧按例执行。

《续日本纪》神护景云二年五月丙午之条文中有如下所记：

> 敕，入国问讳，先闻有之，况于从今，何曾无避。顷见诸司入奏名籍，或以国主国继为名，向朝奏名，不可寒心。（中略）复用佛菩萨及圣贤之号，每经闻见，不安于怀，自今以后，宜勿更然。（下略）

由是观之，讳避并非只针对至尊之御名，对佛主、菩萨、圣贤之号也是如此。

由于要敬避天皇御名，因此在谈论或书写天皇或皇室之事时，必须用尊称间接表示。这便造成了日本自古以来天皇之尊称数量众多，仅在《古事类苑》帝王部中列举之帝号，就多达六十多种：天皇、天子、皇帝、陛下、圣上、圣皇、圣主、圣王、圣朝、圣代、明朝、明时、主上、今上、当今、当代、上、上样、至尊、我后、御、御一人、现世神、皇御孙命、皇尊、皇、皇君、皇上、天神御子、日志皇子、现人神、圣君、大君、帝、朝廷、御所、内里、禁里、禁廷、大内、公、公家、国家、宸仪、凤阙、万乘之主、万乘之君、一天之主、一天万乘之君、九五之圣、南面之王、十善之主、金轮圣王、乘舆、车架等。

明治元年，御讳阙画[1]之令颁布，百姓应当缺笔书写之"惠""统""睦"三字，以及"仁"字、历代天皇之御讳、御名的文字都不可作姓名之用，用者须改之。翌年，津田真一郎（后来的法学博士津田真道）上议废除讳避之制，却不被采纳。明治五年方才废除阙画之制，明治六年三月二十八日，太政官布告第一百十八号颁布，内容如下：

御历代御讳并御名文字，自今人民一般姓名可用，不

---

[1] 阙画：缺笔，古时为避皇帝或贵人之讳而省去文字最后一笔的做法。——译注

必忌惮。

但，不可原样照用熟字[1]。

然而，关于历代天皇之谥号是否可原样照用，东京府曾向上请示，当局指示，历代谥号原样用于百姓姓名也无妨。原文如下：

明治六年五月二十八日东京府请示　呈递正院

本年第一百十八号御布告内容，自今御历代御讳并御名之文字可用，不必忌惮，但不可原样照用熟字。如今御历代之御谥号熟字之用当如何？望速下指令。

（指令）六月八日

呈悉。御历代之御谥号熟字可原样照用。

从上述文字可知，百姓可取历代天皇御讳、御名之部分文字来当姓名或姓名的一部分，也可原样照用历代天皇谥号，都无须敬避，但历代天皇御讳或御名却依然不可原样照用，因此"忌名"制度现今仍旧存在。

....

[1] 熟字：日语中具有一个完整意义的两个以上汉字的结合。——译注

三、避书俗

以声音接触君主之名乃大不敬之举，更何况以形态之方式接触，冒犯亵渎其尊严之罪越发严重。毕竟话音刚落便消失无踪，而形态却可永恒留存，被众人观视，其亵渎神圣或尊严之程度亦随之扩大。因此，一旦人文进步至诞生文字之时，便自然要求文书上亦须敬避尊贵之名。尤其如中国这般使用象形文字的国家，敬避写法极为发达，秦汉之后，称其为临文之讳。写文书时，不可用君父尊长之名中的文字，须以他字取代，或者创制新字，或者省略笔画，或者加减其偏旁，或者将汉字分解而写，或者删去该文字，或者将该文字的位置置于上部，或者与其他文字隔离，等等，避书敬讳之制度繁缛至极。中国法系中避书敬讳之礼制大致可概况为六种，分别为：不书、代字、造字、变字、隔字及改称。

（一）不书之制

敬避名讳之极致，便是不言、不书。正如素日交谈中不言说君父尊长之名，下笔时不写名讳亦为敬礼之一。可使用如陛下、殿下之避称，也可用天子、皇帝等尊号，或用圣主、明君等颂德之词，也可在其名字的位置上画□□，或者干脆空白。

在德川时代的文书中，直书家康之名的情况极为罕见，公文中几乎绝无，大多都使用神君、东照宫、权现样等尊称。庆长十九年，方广寺大佛殿落成，在即将供养之际，家康发现其钟鸣中刻有"国家安康"四字，认为是在诅咒自己，遂大加责难，最终竟开启大阪阵之端，成为了丰臣氏灭亡之因，此事人尽皆知。家康的谴责就是利用了上文所述之禁忌观念，将其作为借口，利用人们迷信名字可作诅咒之用的心理，借机寻事，最终贻讥后世。

（二）代字之制

不可使用尊贵之名的文字、须以别字取代的避写法，在中日两国，从古至今之例不胜枚举。上文中已提及，秦始皇名"政"，以"端"字代替，汉光武帝名为"秀"，以"茂"字代替。汉高祖名为"邦"，以"国"代替，于是《汉书》中写《尚书》"以和万邦"之时，须改为"以和万国"，《论语》中之"善人为邦百年"，须改成"善人为国百年"。为避唐太宗之名"世民"，"世"字被"代"或"系"取代，"民"被"人"取代，于是称"治世"为"治代"，"蒸民"为"蒸人"，"民部"为"户部"。至清朝，为避高祖之讳"弘历"，以"宏"取代"弘"，"历本"改写为"时宪书"。从上述诸多例子中可见，历代的通制，是用与讳字同义或类似之他字来取而代之。

在日本德川幕府时代，有一著名例子，基督教最初写成
"吉利支丹"，至纲吉将军时期，因避讳将军名字之"吉"字，
便将该词更改为"切支丹"。

（三）造字之制

在中国，因避君主之名，便创造出形象类似之新字，用以取
代名讳。例如，后汉光武帝名"秀"，人们便造出一个上禾下弓
的字来取代。唐太宗名为"世民"，"世"字便改写为"卋"。

（四）变字之制

人们一般常以改变讳之字形的方式以表敬避。方法有省
略笔画、加减其偏旁、将汉字分解而写等。例如，为避唐太
宗之名"虎"，便将其写成"虍"；为避高祖之名"渊"而将
"渊"字减掉最右一竖；为避太宗之名"世民"，便将"世"写
成"廿"，"民"字减掉最后一画或倒数第二画。至清朝，为避
世祖之名"胤禛"，"胤"字减掉最后一画；为避高祖之名"弘
历（曆）"，便写成"弘厤"；为避康熙帝之名"玄烨（燁）"，
便把"燁"字最后若干笔画省略。上述例子便是阙画，即省略
若干笔画。为避清朝仁宗之名"颙琰"，便省略"颙"之偏旁，
仅保留"禺"；为避晋愍帝之名"业"，便加一偏旁成为"邺"；
为避宋太宗之名"光义"，便写成"光仪"。这些例子便是加减

偏旁。为避唐太宗之名"世民"，李世勣便写成"李勣"，这是
省略文字之例。为避康熙帝之名"玄烨"，便分解此二字，写成
"上字从一、从幺，下字从火、从华"，这是将汉字分解而写之
例。用改变字形来避讳，属于最为郑重之方式（参照《史学杂
志》第十二编第五号乃至第七号中村久四郎博士论文）。

关于阙画之制，中国的《唐六典》中有云：

> 若写经史群书、及撰录旧事，其文有犯国讳者，为字
> 不成。

不仅局限于上书、奏文，所有书写皆须改变字形。日本
继承中古唐制之时，在《大宝令》中规定平出阙字之制，却无
采纳阙画之制。至德川幕府时代，随着汉学之复兴，儒者往往
效仿唐宋之例，书写家康将军之名时，"家"字减掉最后两画，
"康"字也减最后两画，书写吉宗将军之名时，"吉宗"二字各
减掉最后一画。然而这并非日本素来有此制度。伊势贞丈在
《安斋随笔》中记有此事，并出言叱责。

> 此仿近世舶来之书也。然而不忌惮朝廷、先王之御讳
> 以及今皇御讳之字，是知其一而不知其二，知左而不知右
> 也，岂能谓之儒哉？

日本初次承认阙画之制，大抵是在文政元年之法令中。《二条家番所日记》中记载：

文政元年五月十八日乙卯、近卫左府样（御使中川三河介）御顺达如下：

御讳相避，且临文省末笔之仪，而来各觉悟之事也，虽然至中国而有不避之辈，自今以往，不拘异说，从国史职员令，并唐六典之文，不可犯国讳之由，特此通告。

同十九日丙辰，上（仁孝天皇）御讳字末画可惮义之事，诸席听令如下：

上御讳字，私名字禁用，且日用笔记文等中不得已引用时，勿论，末画必省，今复又申令，自今以后，应遵照前文之旨办事。

另，末画省略时，当如下文所示：

上御讳　惠（少最后一画）

仙洞御讳　兼（少最后一画）

另，草书亦可准。

《三条实万传奏日记》嘉永元年八月五日之条文中，明确显示阙画之制式：

法 律 进 化 论 ： 禁 忌 与 法 律

一、御讳相避之仪，如殿下昨日别纸所伺定，诸位请示之旨奏议，御讳应忌。

当今圣上，如条例，皇祖以下御三代应减画。

上述之文颁布，各自奏议，文政元年五月布告告之。

明治维新之初，颁布了御讳阙画相关之法令。即明治元年十月九日行政官之布告：

惠（少最后一画）

统（少最后一画）

睦（少最后一画）

上述三字御讳之名禁用，刻本等应阙画写之。

然而未几，当时刑法官判事津田真一郎于公议所提出废止避讳制之议案，却未获通过。此后不仅在公文书中，在刻本中亦须以阙画形式书写上述三字。例如，明治三年兵库县颁布之《御改人别五人组帐》中写道：

一、应向父母尽孝，克己相夫，家内亲戚和睦（少最后一画），家业出精。

一、颁发免年供之状，速来村中一统（少最后一画）处。

明治四年七月，大藏省中设统计司，依照阙画之制，写成"统（少最后一画）计司"。同年刊行的《改正增补地方凡例录》中"亲戚和睦"一句，"睦"也少了最后一画。然而，翌年之明治五年正月二十七日太政官布告第二十四号颁布：

　　御名睦字自今无须阙画。惠统二字亦同。

至此，阙画之制废除。

（五）隔字之制

身体上的隔离，乃敬畏尊贵者之礼，其结果，便是中国法系中规定，书写尊贵者之名、称号、行动时，礼制上也须将其文字与其他字间隔开，或者将其文字写于上方。这便是"阙字""平出""抬头"之制。所谓阙字，就是在上表、奏文等文书中，书写尊贵者之称号、行动时，在其文字上方空出一二字。盖为表敬避，不让其他文字置之其上。所谓平出，乃"平头抄出"之意，如书写中遇到尊贵之人、事之时，不把这些文字接在同行其他文字之下，而是另起一行，抬头书写。盖为表尊敬，特地书写于文书最顶部。所谓抬头，就是书写名讳等文字时，必须超出原有段落的齐头，这是平出之制中最高敬礼之写法。抬头主要用于上表、奏文等严肃文书中，敬意越大，抬头文字的位置就越高。高出一字程度的叫"第一抬头"，高出二字的叫"第二抬头"，以此类推，还有较为罕见的"第三抬头""第四抬头"等。

阙字、平出的惯例及礼制在中国六朝之前是否已经存在，尚不明确，但在隋唐时期已经成为定令。《唐六典》中曾有如下记载：

> 凡上表、疏、笺、启及判、策文章，如平阙之式。

在日本，《大宝令》效仿唐制，规定了阙字及平出之制。《公式令》中记载的以下称谓皆须平出：皇祖、皇祖妣、皇考、皇妣、先帝、天子、天皇、皇帝、陛下、至尊、太上天皇、天皇谥、太皇太后、皇太后、皇后。而下列文字则应当阙字：大社、陵号、乘舆、车架、诏书、敕旨、明诏、圣化、天恩、慈旨、中宫、御、阙廷、朝廷、东宫、皇太子、陛下。但是，若是泛用这些应当平阙之文字、不特指尊贵者时，则不受平阙之制所限。例如，《义解》中写道："凡人君者，父天母地，故曰天子。"这里仅泛指人君，无须平出或阙字。而且，平阙之范围，局限于当代天皇、及国忌日 [1] 不行政务者（参照《公式令义解》）。

....

[1] 国忌：先皇、皇祖、母后等之忌日。——译注

平出之制虽然被《大宝令》所采用，然其后并未正确执行，唯独在上奏文书中才出现，即便是六国史[1]，亦至《文德宝录》[2]方才使用平阙的敬避写法。之后，上述文政元年之法令励行避讳之制，但明治二年，当时身为刑法官判事的津田真一郎向公议所提出废除避讳制的议案，内容如下：

　　讳名、阙字、抬头、阙画之类废除之议

　　阙字、抬头、阙画之类，不知始于汉土何代，皆由谄谀之恶风而生，于皇国袭用岂非可耻之事？且名讳一事，乃汉土之陋习，皇国之古，并世界万国，不讳帝名，却喜显其名。古代设置御名代部，万国之新发明、建造等物，大抵以其国王之名附之，以为国王之荣。幸此度御复古之秋，改右等弊习，归皇国太古之良风，以不讳名却显名之事为贵，且废抬头、阙字、阙画等繁琐谄谀之陋习，谨识。（明治二年刊行《官版议案录》第三）

然而，当时此议并未通过，至明治五年正月，以上文所述

----

[1] 六国史：日本奈良、平安时代敕撰的6部史书：《日本书纪》《续日本纪》《日本后纪》《续日本后纪》《日本文德天皇实录》《日本三代实录》。——译注

[2]《文德宝录》：即《日本文德天皇实录》。——译注

之法令废除阙画之制。但是平出、阙字、抬头之制在法律上的存否尚有疑义，同年八月，明法寮、式部寮[1]、左院之间出现下文之问答，商定在记录[2]中一概不用抬头、平出、阙字。

明法寮咨问式部寮

别纸称谓各种抬头、平出、阙字之仪，可有规则哉？且天子、天皇、诏书、敕旨等，历代应同样阙字哉？抑或几代前无此仪？且又别纸张书附之外，还有其他阙字否？着手编修、誊抄此节记录类，欲详知贵寮之处理，特为咨问。六月十三日

先帝　天子　天皇　皇帝　陛下　至尊　天皇谥　皇太后　皇后　大社　陵号　乘舆　车架　诏书　敕旨　委派　指令　宣令　圣旨　朝廷　皇国

式部寮回答

贵寮咨问关于先般抬头、阙字等之仪，维新之后，尚无一定规则，自今依照左院答议，所有抬头、平阙等一概

---

[1] 式部寮：日本官内厅的一个部门。掌管皇室的祭礼、仪式、接待等活动。——译注

[2] 记录：日本的"记录"，特指作为史料的日记、部类记等文书。——译注

不用，特此作答。

　　附　左院答议

　　明法寮别纸提交咨问，称谓抬头、平出、阙字等仪，应深思熟虑以处。阙字平出之例，不见及中国六朝以前，隋唐时代初著为令，本邦模仿之，著《大宝令》也。然舍人亲王之《日本书纪》、太安麿之《古事记》皆不用此例（六国史中文德实录以下始有平阙）。二书虽著于大宝之后，犹尚如此，可知令文虚设，非世间通用（不仅限于此事，大宝令模仿唐六典等，事实上不行之事多矣）。及水户藩编《大日本史》，除平阙之例，以纪记之体为基（虽或说刊行之书特别，但古文书或公卿之日记等，亦无见此例）。夫平阙本出自臣子敬上之意，并非必要禁止，但以此为定令，则误犯者陷入不敬，若一一正其误犯，则生事务之障害。古语云"临文不讳"，且文字乃写语言之物，语言若无平阙，仅文字平阙岂非无理？况且和汉在中古以前皆无此例，全然由后世之繁文缛礼而起。自今除此例，复古礼之简易，方才存然。（《图书寮记录》明治五年八月七日之部）

　　依照上述文字记载，记录上可明确不用抬头、平阙，然而关于诸记录之外之平阙，尚有疑义，因此，明治八年三月，宫内大少亟与内史之间出现如下的问答。

宫内大少亟咨问

圣上、两后宫御称谓并御动作相关时，及诏敕、圣旨等文字格式，平出、阙字、不平阙之区别等，倘有一定规则，烦请委详告之。

内史答书

圣上、两皇后御称呼之咨问敬悉。维新以来，尚无一定规程，依照现今公式令书写，特此回复。

但记录上阙字平出不用，望承知。

由此观之，平出、阙字的敬避写法，事实上当时仍在执行，条令规定，在诸记录之外，平出、阙字须依照《公式令》执行，因此平出、阙字、抬头之敬避写法制度，涉及上书奏文时，作为礼制并未废除。

明治十九年敕令第一号《公文式》及明治四十年敕令第六号《公式令》皆无平阙之相关规定，但此法令规定的是诏书、敕书、法令、辞令等与天皇大权相关之文书格式，并非对上之文书，故无须规定敬避的格式。

现今在公文书中直指皇祖、皇宗、天皇、皇后、皇太子等情况下，仍须遵照抬头、平出、阙字之礼制。虽为至尊，但在皇祖、皇宗神灵之祭告文中，亦须依照平出之礼制，这点可从明治天皇的皇室典范及宪法制定的御告文中可知。

告　文

皇朕谨晨

皇祖

皇宗之神灵前诰曰，皇朕循天壤无穷之宏谟，继承惟神之宝祚，保持旧图，无敢失坠，宜顾膺世局之进运，随人文之发达。

皇祖

皇宗之遗训明徵，成立典宪，昭示条章，内以为子孙率由之所，外以广臣民翼赞之道，永远遵行，益益巩固国家之胚基，增进八洲民生之庆福，兹惟此皆制定皇室典范及宪法。

皇祖

皇宗所贻后裔之统治洪范得以绍述，朕洵得躬逮，俱时举行。

倚借

皇祖

皇宗及我

皇考之威灵，无由仰皇朕。

祈祷

皇祖

皇宗及

皇考之神佑，朕现在及将来率先臣民，履行此宪章，誓无愆。

神灵此鉴。

自《大宝令》起，日本以法令形式明确规定抬头不再被用为礼制，然而，至德川时代，随着汉文学的勃兴，人们往往仍在使用抬头。其中抬头文字中最显著之例，便是《大日本史》呈献朝廷的上表文，原文如下：

进大日本史表

臣治纪言伏惟

太阳攸照，率土莫匪

日域

皇化所被，环海咸仰

天朝

帝王授受

三器征

神圣之谟训

　　宝祚之隆，与天壤无穷

　　国家治乱

　　一统绝奸宄之窥窬

　　威灵之远，于华夷有光，虽然时运盛衰，盖譬诸朝暮，是以人事得失，宜鉴于古今，彰往考来，有述有作（中略）

　　臣治纪诚惶诚恐，顿首顿首，钦惟

皇帝陛下诏

天祖之正统

　　神明其德，照临八方

　　守圣人之大宝

　　宽仁之政，子育群生。（中略）故今纪传二十六卷，刊刻已就者，装成一函，聊先

　　上送，余将续

　　进谨随表以

　　闻上尘

天览，下情无任渐惧战汗屏营之至，臣治纪诚惶诚恐，顿首顿首，谨言

　　文化七年十一月五日参议从三位左近卫权中将臣源朝臣治纪诚上表

上文中"帝王""神圣""皇帝""天祖""天览"等词皆直指天皇或皇祖皇宗，均须二字抬头。"太阳""日域""皇化""天朝""三器""宝祚""国家""一统""威灵""神明其德""守圣人之大宝""宽仁之政"等词与国家、朝廷、皇祚、圣德相关，须一字抬头。故全文二字抬头有十一处，一字抬头有三十四处，而按照一般行文空格的，仅有二十九行。

帝国议会开院式上，贵族院对于敕语之奉答，是现今平出、阙字、抬头三者之典型。第一回议会采纳平出之格式，于文中"敕旨"之上阙字。第二回、第三回议会在"敕语"之上阙字，其他为平出。从第四回议会开始，"敕语"为平出。从第七次议会后至今，所有格式皆为抬头。议院之奉答文，除去国家发生大事之外，惯例上每次议会皆同。例如，第四十回议会上贵族院之奉答文如下：

　　贵族院议长臣德川家达诚惶诚恐，谨
　叡圣文武天皇陛下，上奏
　　第四十回帝国议会开会之际，兹举盛典优渥
　敕语赐臣
　叡圣奉体，以竭慎重审议协赞之任，期赞襄
　皇献，臣家达不任恐惧之至
　　谨奉答

犯讳行为本就违反礼制，作为非礼之举，不仅要受到道德或社会制裁，亦受法律制裁。这便是所谓的"出礼入刑"。在中国六朝之前，是否制裁触犯名讳者，尚不明确，但在《唐律》之《职制律》中有如下文字：

> 诸上书若奏事，误犯宗庙讳者，杖八十，口误及余文书误犯者，笞五十。即为名字触犯者徒三年，若嫌名及二名偏犯者，不坐。

《明律》吏律、公式部《上书奏事犯讳》之条文如下：

> 凡上书，若奏事误犯御名及庙讳者，杖八十，余文书误犯者笞四十。若为名字触犯者杖一百，其所犯御名及庙讳，声音相似，字样分别，及有二字止犯一字者，皆不坐罪。

《清律》中亦有相同条文。

日本之中古律是否继承此制裁法，尚不明确。《律疏残篇》之《职制律》几乎全部移植自唐代职制律，再加以若干斟酌。唐律之《职制律》有五十九条，而《律疏残篇》中所载者有五十六条，可见未采用唐律中之三条。其中一条，便是上文的犯讳条纹。此番删减，究竟是编撰律文时特意不为，还是书写时误漏，现在已不得而知。假设是日本立法者不采用唐律犯讳条文，也许是因为"诸上书若奏事，误犯宗庙讳"等句，已经包含在下一条"凡上书若奏事而误，笞五十"中，故省略。总之，根据日本古律遗文可知，"令"中虽有名讳之制，但"律"中却无犯讳的制裁法。然而，虽无罪文，却不可直接得出避讳之制中无制裁之结论。在官职的黜免、惩戒、谴责、刑罚上，即便是在尚无宪法第二十三条这般保障的时代，根据当权者的自由意识来处罚违礼之举也是极为普遍。

第三章　禁忌与婚姻

　　婚姻以生物种族保存作用的性欲为基础，而男女之交配关系若要具备婚姻之性质，至少须具备数个要素。

　　第一，交配必须是持续且终身的关系。在一些半开化民族中，虽然也公认不定期或一时之交配关系，但这种过程性之关系本就不包含在婚姻观念中。

　　第二，必须有数量固定的配偶。有单数配偶的一夫一妻制，而复数配偶婚中有男性复数配偶的数夫一妻制，有女性复数配偶的一夫数妻制，也有两性复数配偶的数夫数妻制。总之，配偶必须固定为个体或团体，在数量上必须确定。而公认一族男女无差别交配关系之习俗，拉伯克称其为"同族婚"（communal marriage），却也不过是为了方便起之名称而已，其无婚姻状态也得到氏族的承认。（Lubbock, Origin of Civilization, 4th ed. p.98.）

　　第三，交配必须具有排他性。这是婚姻的消极因素，至少女性一方被严禁与非配偶者交配，犯禁者会受到宗教、社会及法律制裁。虽然有些蛮习会让妻子侍奉、款待宾客于枕席之上（Westermarck，History of Human Marriage，pp.73-75.），然而这本就出自丈夫之意，不可将其视为亵渎贞操的行为。巩固男女两性的自然关系，使其越发纯洁，主要原因就是此排他性要素。而且排他性要素的起因乃人之嫉妒本能，此点稍后论述。若违反排他性要素，便成为通奸，习惯、德教两方都视其为恶行，大为摈斥，并常加以社会制裁。而贞操作为排他性要素，其最初最有利的守护者，便是禁忌。原始社会将妻子与非配偶者交配，或男子与他人之妻交配之行为定为禁忌，不仅违反者会遭受冥罚，违反者所在社会也会因触怒神灵而蒙受灾祸。这个信念在人们心中根深蒂固，因此在超自然报复的冥罚之外，还产生了一个习惯，社会会惩罚此贞操破坏者，以镇神怒，免除灾祸，由此开启了两性关系纯洁且持久之绪端。随后宗教发展，便将通奸之禁忌定为戒律。而德教发展之后，将不贞行为视为恶行。至国权发达后，最初通过宗教或社会制裁得以维持的两性关系，最终依靠公权力而维持，若出现破坏排他性要素——贞操之行为，法律会加以制裁，或将其作为通奸罪处罚，或承认该行为是强制解除婚姻的原因。韦斯特马尔克（Westermarck）在论述通奸制裁之起源时，认为此点最能中其肯綮。他认为对灾祸的恐惧与所有观念不过是禁止通奸的从因，其主因是人类嫉妒的本能。

> 通奸有害农作物、祸及子孙等信念，若非有通奸大恶
> 的先入之见，是不会产生的。（中略）若无嫉妒，便不会有
> 通奸罪。

禁止通奸的习惯及法律，始于丈夫独占妻子之情欲被他人伤害之怒，成于社会之同情，人们相信不贞行为会遭冥罚，不过是同情之结果。（Westermarck，History of Human Marriage，I，p.316.）韦斯特马尔克之论述不仅说明了通奸禁忌之起源，也说明了所有基于本能作用的禁忌之起源。

第四，其交配关系必须得到公认。也有一些私隐的交配关系具备上述诸要素，但是若要称一段交配关系为婚姻，就必须被社会的习惯、宗教、德教以及法律公认为是正当的。婚姻中交配关系的公认要件，除上述条件外，其成立还需要一定的仪式；在配偶数量上，或仅限一男一女，或承认一男数女、数男一女的关系；在结婚者之关系上，或必须是同族人、同阶级者，或必须是异族人。虽然民族、时间、地点各异，其公认要件亦有所差别，但如今婚姻的法定要件中有不少起源自禁忌。

公认交配关系的要件之一，便是举行婚礼仪式。霍布豪斯认为婚礼是"禁忌的解除"（The rcmoval of a taboo），即便是现

如今，婚姻道德的批判依然依据禁忌的迷信，并非真的道德批判。这个观点颇为有趣，其要领如下：

> 依据一般的道德观，婚姻解除了禁忌，使交配变得神圣。男女一旦举行婚礼，即便他们没有能力，也没有资力养育儿女，或者毫无爱情，仅仅只为满足性欲而同居，任何人都不能将其作为坏事而谴责他们。反之，若没有举行婚礼来掩盖其罪恶，那么，即便他们不举行仪式事出有因，社会也会摒弃他们。这位妇人无论多么淑德，也会被视为禁忌而被载入黑名单，成为"交际市场的次品"（"a piece of damaged goods in the social market"）。贵妇人们避之唯恐不及，仿佛害怕被禁忌所传染，时常绞着裙裾，避免接触污秽。（Hobbhouse, Morals in Evolution, II.ch. ii. 2.）

在原始社会，能够保障上述四要素，制裁违反者，并由此产生婚姻习俗及法律的，主要就是近亲交配与通奸的禁忌。而且近亲交配的禁忌源自妇人的禁忌，通奸的禁忌主要源自近亲交配的禁忌。

我们至今仍无法断定，人类社会生活最初的两性关系是否为混交状态（Promiscuity），人类学者与社会学者的种种学说，也不过是推断而已。人类在开始社会生活之初，并无男女固定的配偶者，而是处于各人自由交配之无婚姻状态，这种状态在全世界各人种的神话、传说、文献中皆有所见。特别是堪称近代社会学奠基者的诸位大家，多数都认为在婚姻状态前，人类处于混交状态。只要列举出以下诸位大家之名：巴霍芬（Bachofen，Das Mutterrecht）、麦克伦南（McLennan，Studies in Anciente History）、摩根（Morgan，Ancient Society）、埃夫伯里（Avebury，Origin of Civilization）、吉罗特隆（Giraud-Teulon，Les Origines du marriage et de la famille）、科勒（Kohler，Ein Beitrag zur ethnologischen Jurisprudenz）、波斯特（Geschlechts genossenschaften der Urzeit）、克鲁泡特金（Kropotkin，Mutual Aid），无须再引用其他多数学者之论点，便足以令人毫无批判地相信混交状态先存之学说。然而，学说之正确与否，并非依多数而定。针对混交状态先存之学说，达尔文从生物学角度否定了原始人的无配偶状态。（Descent of Man，p.590.）韦斯特马尔克在其著作《人类婚姻史》中，认为婚姻是与社会有共同起源的现象，极力否认人类在婚姻之前存在真正的混交状态。之后亦有不少社会学者对此二大家的消极学说产生共鸣。（Westermarck，op. cit. I. ch. iii-ix，pp.103 336.；Sumner，Folkways. p.345.）

人类原始的两性关系为混交状态的学说根据，主要有以下两点：

一是神话、传说、旧记中多有记载太古时期两性混交的生活。

二是现代的蛮民中多有两性混交状态的遗习。

关于上述两点，学者列举之事实颇多，不仅无法在此悉数引用，而且本论之目的乃讨论禁忌与婚姻的关系，故此处仅作为前提，提示些必要的论据。

关于混交状态先存的第一点论据，各国皆有不少传说，例如，在日本，传说婚姻始于伊邪那岐、伊邪那美妹背二柱之神；在埃及，传说门斯神（Mense）开创了婚姻；在印度，传说施伟多凯徒（Svetaketu）废除了男女混交之旧习；在希腊，传说远古时代，妇女为男子之共有物，两性关系等同于禽兽，任何人都只知其母不知其父，而建立雅典的国王基克罗布斯（Kecrops）禁止混交关系，方才始创婚姻法。

上述神话、传说的记载都显示婚姻是由神灵、君主或圣贤所创造，之前的原始状态为自由交配，而且拥有如此神话传说的民族又极多。在古书、旧记中，也多载有婚姻之起源，即便神话、传说并非事实之记录，但也来源于原始时期之两性混交关系，并且在广大民众中也口口相传。

韦斯特马尔克并不将这些神话、传说作为混交状态先存的证据，他认为这些传说来自人心之倾向，不只是婚姻，人们将社会主要事物之起源统统归结为神灵或古代圣贤、英主的创造，而这类神话传说作为混交状态先存的证据，其价值，并没有超过将亚当夏娃之神话作为一夫一妻原始状态的证据。（Westermarck，op.cit.ch. Ⅲ.）

此外，关于外国民族无婚姻制度、过着如禽兽般混交生活之记载，在希腊、罗马等国的经典中屡屡可见。例如，希罗多德如此记录奥瑟人（Ausean）的生活：

> 这些人民不结婚，不成家，过着宛如群兽的生活。他们的孩子在长大后，被带到每三个月一次的民众会上，在大家的一番品评之后，被送到跟自己容貌最像的人身边去。

诸如此类混交状态的记载，自古以来在地理志、民族志、旅行记、探险记中最为常见。上述的社会学者也是根据这些记载来阐述混交状态先存学说，埃夫伯里甚至为这个状态起了个特别的称呼，叫"共同婚"（communal marriage）。（Avebury，Origin of Civilization. p.68. sq.）

韦斯特马尔克详细列举了以这些事实为根据的混交状态之后，断定无一可信。之前的学者将数夫一妻、集休婚、离别自由、无婚礼仪式、无"婚姻"一词等事实误认为混交状态，有些是基于两者皆可解释的模棱两可的证据得出结论，有些是立论在某些之后证明为误报之事实上。韦斯特马尔克对这些论点彻底地进行了否定，"其学说无一有权威，完全不存在可以证明混交状态存在的根据"。(Westermarck, op. cit. ch. III.)

混交状态先存的第二点论据，主要是半开化社会中尊敬公娼的习俗、如今蛮民中未婚者自由交配的习俗，以及级亲制与母系制，论者将这些习俗当作是婚姻制度产生后存在的普遍两性混交状态的遗俗。

古希腊的雅典、印度的维萨里 (Vesali)、爪哇、非洲各地往往有尊敬公娼的习俗，有人就将这些习俗当成是社会原始时代混交状态的遗俗。埃夫伯里认为，公娼是原始社会的"共有妻" (communal wives)，共有妻原是族人，而专有妻 (special wives) 是掠夺自他族之人或者是娶来的奴隶，相比之下，前者的地位反而在后者之上，因此产生尊敬之意。(Avebury, op. cit. pp.107, 438. sp.) 针对埃夫伯里的论点，麦克伦南评价道，倘若可以从雅典全盛时期的娼妇地位推断出原始时代的情况，那么从如今伦敦或巴黎的状态也可证明古代混交的存在，雅典在结束野蛮时代后，却远未及全盛时代的期间，《荷马史诗》中的勇者已经拥有了婚姻中的嫡妻。(McLennan, Studies in Anciente History, p.343.) 韦斯特马尔克则认为，雅典之所以尊敬公娼，是因为当时雅典市内既有教养又有资格与贵族交欢的妇女，仅有娼妇而已。在印度，娼妇附属于神殿，是可以学习文学、载歌载舞的妇女，也就只有她们，因此得到公众的尊敬，完全不能以此作为古代共有妇女遗俗之理由。（Westermarck, op. cit. ch. IV.）关于此点，比照日本江户时代花魁的全盛，以及朝鲜官妓的地位，再想想以此作为所谓"共同婚"遗俗之论据的推测说，其正确性可想而知。

如今仍有部分民族有独身男女交配自由的习俗，因此又有不少学者从这个事实推测当初存在普遍的两性混交状态。然而，针对该观点，韦斯特马尔克等持否定或怀疑态度的学者也屡见不鲜。例如，霍布豪斯、惠勒与金斯伯格三位学者调查了一百二十个自称有自由交配习俗的民族，结果发现，公认其为常习的民族数与排斥为陋习的民族数，几乎相等，便得出结论，妇女的贞操在蛮民思想中"普遍无倾向"。（Hobbhouse, Whealer and Ginsberg, Material Culture and Social Institutions of the Simpler Peoples. p.167.）

韦斯特马尔克又进一步论证，未婚妇女自由交配并非原始习俗，而是后世出现的堕落风俗，在一些半开化民族中，反而不少仍旧重视未婚妇女之贞洁，有些因接触了文明人，才导致风俗败坏。此外，所谓自由交配，并非如娼妇般毫无区别地更换对象，而是自己选定爱人，以此作为结婚的准备行为，又或因此而怀孕，进而结婚，这等习俗，并不能单纯地视为公认混合交配后的遗俗。随着社会的进步，因经济上的理由等，结婚逐渐困难，故公娼、私娼行业发达，私生子也在增加，从上述这些事实推断，男女交配的自由与否，并非与文化程度构成比例。（Westermacrk, op. cit. ch. IV.）

经常被引证为混交状态遗俗的习俗之一，便是级亲制。路易斯摩尔根曾就亲族之名称，研究了一百三十九个种族的习惯，并将其分为"特称式"（Descriptive system）和"级别式"（Classificatory system）两种。（Lewis Morgan, System of Consanguinity and Affinity of the Human Family.）所谓特称式，便是父母兄弟姐妹等名词专门指称有特定亲属关系的个人，雅利安人、闪族人、乌拉尔人等人种采用此称呼法。所谓级别式，则是将有某个亲属关系的所有人都包含在内，赋予一个通称，斯里兰卡、美洲印第安、马来、波利尼西亚、新西兰、澳大利亚、印度、北亚、非洲的班图等诸民族通行此称呼法。

根据摩尔根的说法，级亲类别中最简单者，为马来式（Malayan system），它是其他各类级亲制之基础，由马来式产生的同级亲，则进行集体的共同婚。所谓的马来式，在韦斯特马尔克的笔下被称为夏威夷式（Hawaiian system），全亲族分为五级亲，第一级是兄弟姐妹级别，包含同胞兄弟姐妹、堂（表）兄弟姐妹、从堂（表）兄弟姐妹等同辈一切的兄弟姐妹，总称为"兄弟"或"姐妹"；第二级是父母级别，包含父母的兄弟姐妹、堂（表）兄弟姐妹等同辈亲属，总称为"父"或"母"，祖父母的同辈亲属、子女的同辈亲属以及孙子的同辈亲属，皆以此例为准，各泛称"祖父母""子""孙"。摩尔根认为，因为各级亲属中的人都互为兄弟姐妹，并且进行集体婚，因此其直接的上级亲属都是父母，直接的下级亲属都是子，顺次上下都涉及祖父母、孙的尊卑关系。因此，同辈的同级婚是共同婚状态（communal marriage），摩尔根认为，这种状态，若不是产生于远祖的混交状态，则无法说明其起源。（L. Morgan，Syetem of Consanguinity and Affinity of the Human Family. p.12.）

对摩尔根的推定说产生共鸣的学者颇多，其中主要的有里弗斯（Rivers，Kinship and Social Organization，p.85）、弗雷泽（Frazer，Totemism and Exogamy，I. 303，304，501；II. 69. sq.；Frazer，Folk-love in the Old Testament，II. 311. sq.）、科勒（Kohler，Rechtsphilosophie und Universalrechtsgeschichte）。

针对上述假说，韦斯特马尔克也全然否定，认为"事实上毫无根据，理论上亦不合理"，纯粹兄弟姐妹之间无限制交配的习俗，不仅在现今蛮民中无一存在，而且与级亲制民族中严肃的外婚俗事实有悖。（Westermarck，op. cit. ch. VII.）

摩尔根亦将外婚俗之起源归结于混交状态的先存。他认为，人类社会早期处在两性混交状态，亲属间的交配无限制，产生了种种弊害，为防止此类弊害，便开始禁止同种族间交配，方才出现外婚俗。尤其是在级亲制中，兄弟姐妹间发生交配关系的机会最多，而且兄弟姐妹的亲系不管是父系还是母系，都属同族，通过禁止同族结婚，便根绝了亲属自由交配的弊病。（L. H. Morgan，System of Consanguinity and Affinity of the Human Family，pp.484 sq.，487–490；Morgan，Ancient Society，58，425，426，498–503.）豪伊特（Howitt）、费森（Fison）、斯宾塞（Spencer）、吉伦（Gillen）等人对目前处于最原始状态的澳大利亚土著进行研究，得出的结果大致与摩尔根相同，弗雷泽也认同此学说。（Frazer，op. cit，IV. p.104. sq.）

母系俗也被认作原始两性混交状态的遗俗之一。1861年，巴霍芬创作了社会学上划时代的巨著《母权论》（Das Mutterrecht），论述了原始民族为母权制，亲族关系亦依靠母系。尔后，麦克伦南也通过与巴霍芬完全独立的研究得出同一结论（McLennan，Studies in Ancient History）。只不过巴霍芬以母权说（Mutterecht）为主，论述原始社会中妇女的地位，而麦克伦南则以母系说（"Kinship through females only"，Matrilineal system）为主，认为它来自原始社会的混交状态或多夫状态，因此两者的学说稍有差异。麦克伦南关于母系俗为混交状态之结果一事，有如下叙述：

> 父亲不明与亲族关系依靠女系，两者之间有必然之因果关系，我可以确信地推断，有其一则必有其二。（McLennan，op. cit. p.88.）

之后有不少社会学者著书立说，认为母系俗是原始社会的一般习俗，而且这些学者都推断，此习俗是混交状态先存之结果。（Avebury, Origin of Civilization; Giraud-Teulon, Les origines du mariage et de la famille; Bastian, Rechtsverhaeltnisse bei verschiedenen Voelkern der Erde; Lippert, Die Geschichte der Familie; Dargun, Mutterrecht und Vaterrecht; Post, Die Geschtechtsgenossenschaft der Urzeit; Starck, Primitive Family; Letourneau, L'évolution de mariage et de la famille; Frazer, Totemism and Exogamy; Hartland, Primitive Paternity, etc.）

虽然母系俗有上述人类学、社会学的权威者压倒性的一致推定说，但韦斯特马尔克依然敢于驳斥该学说，他断言，倘若此推定说正确，则最接近原始状态的半开化社会尤其应该执行母系俗，然而事实却正相反，往往是父系俗大行其道，其他能证明母系俗与混交状态有因果关系的事实无一存在。

韦斯特马尔克为论述婚姻是原始习俗，在其著作《人类婚姻史》中，用长达七章二百二十五页之篇幅，不厌其详地批评了混交状态先存说，之后，用慷慨激昂之学者言论得出结论：

　　民族中自然不可能没有两性关系类似混交状态之事，然而，混交状态在人类的社会发展史上占有一定时期的假说，照我看来，就如吉罗特隆所言，并非学术上可容许之假说，而是在社会学领域内发表的所有学说中，最不科学的一个。（Westermarck, op. cit. ch. IX.）

在否认混交状态先存的学说中，最有力的证据便是达尔文之说。达尔文认为，一切雄性四足兽均有嫉妒本能，多数具备与敌作战之天性，尤其类似人类的动物，如人猿，皆有单数或复数的固定配偶，由此推断，人类在社会生活的最原始时期，处在无配偶的混交状态，是绝无可能之事。

因此，远至追溯到源头进行观察，近至基于人类社会习俗进行判断，便可得知，人类在原始时期过的是小团体生活，一人有一妻，有力者或有数妻，各自都对他人有嫉妒心，并以此警戒进行防护，这应该是最接近事实的见解。（Darwin, Descent of Man, ii. 394 sq.）

之后有社会学者将重点放在生物学基础上，例如韦斯特马尔克、萨姆纳等不少学者，通过达尔文的嫉妒说，否认真正混交状态的原始存在。（Westermarck, op. cit. ch. IX; Sumner, Folkways, 360, 371.）

如上文所述，学者在人类性关系的原始状态上各执己见，主要是因为两者均片面地看待问题。研究社会进化的学者，动辄便认为社会事物之进化形成明显的断层期，在某个时期突然从古层转移至新层，因此，往往看不清真相，便产生了如本论这样的意见冲突，一方认为无配偶的纯混交关系为性关系之原始状态，而另一方则坚持有配偶的家庭生活才是其原始状态，两方观点针锋相对。然而，社会事物之进化发生突变的情况极为罕见，进化需要经过漫长岁月、数个世代，才逐渐变迁成形，因此，当一个时期转变为另一个时期时，通常后期的要素早已孕育在前期之中，而前期的要素则会永远遗存在后期。倘若视混交状态为原始状态的学者全然否定配偶状态的存在，而反对论者又全然否定原始社会散漫的两性关系，那么，只能说两者的学说皆有失公允。

若要推测人类性关系的原始状态，就必须先研究其固有的性情。性欲是生物类最强烈的本能，构成了种族保存的原动力，因此，与其相关的竞争也最为激烈。而由满足性欲的竞争产生的感情便是嫉妒。嫉妒为二次情感，由于自己欲求之物被他人占有，由此产生的羡慕、嫉妒、恨。嫉妒的反面，必然是享有或专占的一次事实，这个一次事实是人类存续的原动力中最强的性情，故其反面的二次感情也最强烈。若没有适当节制一次事实，一个社会中男女交配自由放纵，那么往往会引发二次事实，羡慕、嫉妒、恨会减弱同一社会成员间的凝聚力，作为内在团体存续要件的分工协作的互助作用便会欠缺，进而无法一致对外，防御外敌的侵犯。上述情况会使该种族在生存竞争中最终被淘汰，或是衰亡，或是毁灭。因此，无限制的交配状态自然有其普遍性，但即便与配偶状态共存，也不可能存续数百年或数个世代。所以，原始社会持续发展的第一要件，便是防止发生性欲竞争，塞住团体衰亡之源头。为了对性欲竞争的弊端防患于未然，最可行的就是禁止两性接触，由此便产生了两性相避的禁忌。

两性相避的禁忌在自然淘汰作用下产生，目的是防止由性欲竞争引发的社会生活紊乱。若两性关系放纵，男女接触毫无节制，那么性敌便时常相争，不仅社会永无宁日，而且一家近亲，平素一处起居饮食的亲子兄弟姐妹间也屡屡发生交配关系，由此发生兄弟阋墙、同胞反目之事，其结果，便是家族、氏族的团结受损，进而危及原始社会之基础。即便是无知的蛮民，也早已认识到波及社会的弊害，各个民族皆深感防止此弊害之必要。在社会的原始时期，或许确实有些民族存在接近混交状态的习俗。然而，如上文所述，这样的种族会在生存竞争中败下阵来，唯有在两性关系上有适当节制，方能作为团体生活的适者得以生存。因此，不论时之古今，不论民之文野，两性相避虽然在范围及程度上有所差异，却是永恒存在的人类普遍现象之一。

认识到男女无限制接触会造成严重后果，是原始民族中产生两性相避禁忌的原因。因此此禁忌与其他禁忌一样，也是种族保存作用之一。此禁忌产生于原始社会，存续于文化的各个阶段，直至现今。随着节制性欲的德行的发展，其必然减少，而两性相避的禁忌也随之缩小范围与程度。虽然无法直接获知社会原始时期的两性关系，但是蛮民一旦达到某个文化程度，两性相避的习俗便会自然发生，男女不同席，不共食，不授受物品，不相见，不相语，倘若有触犯禁忌者，不仅会遭受社会制裁，还会受到超自然力的冥罚。更有甚者，母子兄妹异其居，不相见，不相语，甚至不呼其名。两性相避最初作为习惯规范或信仰规范出现，随后逐渐发展为宗教规范或德教规范。

在中国，像"男女有别"的礼教，是两性相避的禁忌随着文化的进步而逐渐德教化后的产物。《礼记》之《内则》篇中有记：

> 七年男女不同席，不共食。
> 女子十年不出。

有注云："恒居内也。"在古代中国，人们幼年开始便男女不同席，不共食，并以此为礼。又有文曰：

> 非祭非丧，不相授器，其相授，则女受以篚，其无

筐，则皆坐奠之而后取之。

男女平时不能直接授受物件，在祭丧的仪式上，男方向女方传递物品，不可直接传递，女方必须用唤作"筐"的竹箱来接，若无筐，男方将物品放置以后，女方才去拿取，以此为礼。如此男女不同席、不共食、不授受物品，可称为两性相避禁忌的一般属性。此外，女子为避免与男子见面，便大门不出，二门不迈，若要外出时，须蒙面、披衣，携带扇子等遮脸工具，此习俗在许多民族中皆可见。即便在家，像日本武家时代，大名宅中分"表"与"奥"两部分，而朝鲜的贵族将府邸分为外房与内房，称呼妻子为"御帘中""奥样""内方""家内"等，称良家女子"养在深闺"，林林总总，皆起源自两性相避禁忌这一观念。

两性相避的禁忌在性德未发达的原始民族中被视为最必要之事，所以在部分民族中广为盛行，且严格执行。例如，在马达加斯加，男女从事的工作区别明显，与其说是男女分工，不如说是异性不同工，不仅是男耕女织这样普通区别，在农业、渔业、家务等方面，所有细节均有分工，在这里，男女不同工被称为"禁忌"（fady）。在马哈法利族（Mahafaly）及萨卡拉瓦族（Sakalava），房屋构造也按性别各异，男子从北门进，女子从西门进。在巴拉族（Bara），连人死后也男女有别，夫妻虽偕老却不能同穴，须异地埋葬。

在部分民族中往往可见独身舍，这也是两性相避的禁忌产生的习俗。新赫布里底群岛中的列泊斯岛（Lepers'Island）有个习俗，男子到了一定年龄，必须离家，居住到一个叫作"加马利"（gamali）的独身青年宿舍。（R. H. Codrington, The Melanesians, p.232.）这样的独身舍习俗，在新几内亚、美拉尼西亚等地也广为盛行，目的是严格执行男女之别，杜绝诱惑的机会，尤其是预防近亲奸犯。例如，苏门答腊岛的巴塔族（Batta）几乎没有关于性的德义观念，男女共居时，即便是亲子兄弟姐妹，也必会陷入不正当关系中。由于当地人相信近亲交配会招致神怒，引发种种灾祸，因此男子一到青春期，就不许居留中，必须前往被称为"杰姆棚"（Djambon）的独身宿舍居住。有妻者由于妻子死亡或其他原因独身时，也同样必须入住"杰姆棚"。

迄今为止，西非的刚果在各个村落及町镇中皆有独身宿舍，男子一满十二岁便要离家，入住独身宿舍。（Frazer, op. cit. II. p.189；Weeks, "Notes on Some Customs of the Lower Congo People", Folk–Lore XX. p.309.）

婚姻是公认的交配关系。因此，从社会制度进化的角度看待，正如霍布豪斯所言，婚姻是两性相避禁忌的解除，婚礼是其解除仪式。而且禁忌解除的要件，虽因时代与民族而异，然概言之，时常随着文化程度提高，其解除的范围也随之扩大。然而，无论文化程度如何提高，两性相避禁忌都不会完全废止，至少在亲子、兄弟姐妹之间依然存在，范围稍再扩大，例如伯叔父母与甥侄、堂（表）兄弟姐妹等近亲之间，以及贵族与平民等身份悬殊的人们之间，相避禁忌依然存在，不在解除范围之内，便不会得到公认。

两性相避禁忌一般是为了规避交配之弊，防止社会凝聚力涣散，而此禁忌作为结婚禁忌最常见者，便是外婚俗（Exogamy）与内婚俗（Endogamy）。前者禁止同团体成员之间结婚，后者则禁止异团体成员结婚。如上文所述，性关系的竞争，即便是一时，往往也会酿成同社会成员间不和的后果，况且男子可以在同族内占有相中的妇女，这个时候竞争者的怨恨便越发加深，导致同胞反目，甚至会成为分裂的导火索。即便是在原始社会，人们依照经验，不久自然会认识到弊端，为了防患于未然，便严禁同团体成员之间结合。

外婚俗有广义与狭义之分。在广义上，同民族的所有人皆包含在内，禁止族内男女互相嫁娶。而狭义上，则是禁止同民族内的同部族、同氏族、同一民级内的男女通婚。因此，结婚对象必须是异族、异姓或者异图腾部落的成员。例如，澳大利亚的土著禁止同图腾部落的人通婚，"熊"不可娶"熊"，但可娶"鹿""龟""袋鼠""风"等。在中国，刘氏不得与刘氏结婚，但可与吕氏结合。

中国礼法中之"同姓不娶"便是外婚俗之一。因为同姓者拥有同一祖先之血统，所以禁止同姓结婚便是禁止血族婚。朝鲜也有同姓不婚的制度。缅甸北部的克钦族（Kachin）有同姓不婚的习俗，非洲的祖鲁族（Zulu）以及东班图族（Bantu）有不娶同姓（isibongo）之女的习俗，例如亚玛尼瓦贝（Amanywabe）这个姓氏在祖鲁族、庞多族（Pondo）、腾布族（Tembu）等种族中属于常见的一般姓氏，有此姓氏者，虽然分属不同种族，也不知是否有远亲关系，都禁止通婚。因此，东班图族禁止同姓结合，而且作为父方的血族亲，无论是何远亲，都不允许通婚。祖鲁族的分支马塔比黑族（Matabele）中也有父系同姓不婚的习俗。（Frazer, op. cit. II. p.382. sq.）

关于图腾的起源，各个民族内的传说未必一致，但相信作为图腾象征的动植物或自然物是他们祖先的人最多。而且，人们认为同姓者拥有共同的祖先，在这一点上，两者十分相似。然而，之所以要禁止同图腾者、同姓者通婚，并不是如萨姆纳所言，是因为认识到血族婚会造成生理上的弊害，而是如弗雷泽所言，因为同图腾者、同姓者在原始时期，共同生活在同一个地方，故深切地感受到性情冲突频发带来巨大伤害，方才特地禁止通婚。（Samner, Folkways, 365; Frazer, op. cit. I. p.162.）虽然共同生活的基础是在由同图腾或同祖崇拜转移至同地域居住之后才产生，但仍然执行同一趣旨下的外婚俗，而且同姓不婚的禁忌范围缩小至禁止近亲结婚。

内婚俗（Endogamy）也是异族之间两性相避的禁忌。此禁忌也有广义和狭义之分。在广义上，指的是同民族内一般允许通婚，严禁与外族人结婚。狭义上，则是只能在同民族内的同民级或同部族内通婚。这样的异族、异民级或异部族通婚的禁忌，在社会发达、国家成形之后往往还在延续，成为禁止与外国人通婚的法制，或是异民级、异部族间禁止通婚的法制。例如，罗马的"通婚能力"（connubium），对外无与异民族的通婚能力，对内无与异民级的通婚能力。日耳曼民族的"左手婚"（Ehe zur linken Hand），贵族与异民级之间的通婚不被承认为正婚。在日本明治维新前的旧制里，国民禁止与外国人结婚，除了入主中宫、公主下嫁等特例之外，不允许异民级之间的通婚。这些都属于异族通婚禁忌的体系。

妇女的禁忌，是原始社会中人们将妇女视为秽物而远避，是经历过男女交配关系引发的弊害后所产生的习俗。视妇女为秽物的观念，源自妇女有月经、分娩等缘故，在一些半开化社会的民俗中，通常妇女在月经期及分娩期，都要和其他家族成员分开居住，至文化稍有进步之后，妇女本人、其家人以及接触过其本人者，禁止参拜神殿、靠近尊贵者或者执行公务，正如上文论述触秽一事时所提及的一样。

　　宗教中灵地的"女子禁入"，德教中的"男女有别"，其起源皆来自妇女的禁忌，之后，为了维持寺庙院内的风纪，将其作为宗规，或为了防止男女自由交际产生的弊害，将其作为德教。男女不共语、不共食、不共行、不同室、不同业、出入门户各异、妇女深居内室、外出蒙面披衣等习俗，在各个民族中都广为盛行，其原因就是为了避免男子观其面。

　　异性忌避的禁忌，正如上文所述，经历过男女自由交际产生的弊害是起因之一，因此，在狭义上便成为禁止近亲结婚法律的原质，在广义上，则成为"同姓不娶"法律，即外族婚法的原质。

　　近亲相避的禁忌中，最严重的是父亲与女儿、母亲与儿子之间的关系，最普遍的，是兄弟姐妹之间的关系。在美拉尼西亚，"男女有别"习俗的执行最为严格，男子甚至连自己的母亲及姐妹都必须忌避。例如，在上文中提到的新赫布里底群岛中的列泊斯岛，男子到了一定年纪便要离开母亲家，入住独身宿舍。偶尔回家饮食，若遇姐妹在家，则必须当即离开。倘若无姐妹或姐妹外出，男子就可坐在靠近家门之处饮食，目的是在用餐中若遇姐妹归来时方便逃走。倘若兄弟姐妹在路上偶遇，姐妹必须躲避到路旁的树林中。兄弟认出泥沙地上其姐妹的足迹时，不可沿足迹追踪，姐妹同样不可沿兄弟足迹追踪其去处。

　　而且，兄弟不仅不能直呼姐妹之名，连在通用语上，也要避免使用与姐妹名字相同的词语。此外，母亲不能手对手地传递物品给自己的儿子，言谈时也不能使用亲切慈爱之语，必须毕恭毕敬地用敬语。相传在新赫布里底就有如此严格的近亲相避的习俗。（Frazer, Totemism and Exogamy.）

　　在社会的原始时期，由于两性相避的禁忌在团体的保存发展上最为必要，所以普遍盛行。例如，在外婚俗、内婚俗等结婚限制上，广泛执行以民族为基础的禁制。但也会因此产生弊害，若厉行外婚俗，导致很难找到配偶，则有紊乱族内风纪之危险；若内婚俗不加限制，则会因性方面的竞争导致同胞相背、骨肉相残。因此，外婚俗有必要适当缓和，而内婚俗有必要适当限制。前后两者伸缩得宜，便是结婚范围相关的公认要件的进化。

　　在外婚俗中，为了取妻，男子只能在战时虏获他族妇女，或者在平时掠夺或诱拐他族妇女，又或者通过买卖、赠送才能娶妻，所以，倘若周边的民族都是敌对关系时，结婚便难如登天，即便不敌对，由于与他族关系上的种种情况，结婚也困难重重。因此，通过对其他民族的征服、合并或分裂，一个民族内部有数个部族时，如果不缓和这样的结婚困难，则奉行纯外婚俗的民族很难有家族制上的发展。有时为了和他族通婚，人们便促进了异族间的和亲，相互缓和彼此的结婚困难。此外，诸如沙宾族掠夺妇女，反而成为异族合并的原因，但这是异常情况，通常情况下会设置特例，例如澳大利亚的图腾部落分裂，以此来缓和同族婚禁忌。

两性相避的禁忌随着文化的进步而逐渐缩小范围，同时也放宽限制。原始民族不堪自由交配之弊，久而久之，开始本能地忌避。最初产生的习俗，不管两性间的关系如何，一律男女隔离，虽是一家骨肉，却男女别居，不共坐，不共食，不共语，不授受物品，外出时女子蒙面，使男子不得见，此类习俗绝对地将两性隔离开来。虽有不少民族执行如此严格的禁忌，但是随着与性相关的德行的发展，两性相避的禁忌也逐渐缩小范围，放宽限制，仅在预防男女自由交际产生弊害的程度上设定区别。最初依禁忌而定的两性相避，后来则通过宗教的戒律、道德的教义、礼制及法律的规定得以维持。

使两性相避之范围明显缩小的，便是公认交配的婚姻制度的发达。作为结婚禁忌的两性相避禁忌，最初范围极广，在多数原始民族中，同族成员禁止通婚，族内男子若要娶妻，只允许从外族掠夺、买卖，或者从他人手中获赠女子。尔后，禁忌范围稍有缩小，仅禁止娶同族内的同姓同部族之女子，而异姓异部族之人，虽同处同一民族，也允许嫁娶。再往后，即便在同姓同部族内，人们也设定出种种区别进一步缩小禁婚的范围，其结果，便是择偶范围随着文化进步而扩大。

在执行内婚俗的民族中，禁婚范围原本就比外婚俗的民族小，最初也曾发生兄弟姐妹通婚的情况，但是共同生活者之间发生竞争，产生种种弊害，这一点与执行外婚俗的民族无异，因此逐渐发展出两性相避的禁忌，或是在某个范围内禁止近亲结婚。而且，其禁婚范围也随着文化的进步而逐渐缩小，在现今的文明诸国中，广义上禁止直系亲属、叔伯父母、兄弟姐妹、堂（表）兄弟姐妹之间通婚，狭义上仅限制直系亲属、兄弟姐妹通婚（1918年俄国身份登记、婚姻、亲属、监护法第六十九条）。

近亲结婚的禁止法起源于异性忌避的禁忌，如上文所述，异性忌避的禁忌涉及亲子兄弟姐妹的关系，而部分种族的人民德义观念极为淡薄，倘若允许他们自由交际或同居，即便为近亲，亦有陷入乱伦之危险。因此，人们相信违犯者会遭受冥罚，并且灾祸会殃及族人。其中最危险者，是兄弟姐妹间的关系，多数民族特别将其定为严重的禁忌。次一级的，便是禁止岳母与女婿、母与子、堂（表）兄弟姐妹之间的接触。至于其他亲族，则行"同姓不娶"之习俗，最终产生"男女有别"的礼教。因此"男女有别"的礼教，一方面具有最高尚的德义上的规范外表，另一方面含有与禽兽相距不远的蛮性。

亲族关系越近，两性相避的禁忌便越严重，针对犯禁者的报应也越严酷，这已然成为通则。因此血缘最近的亲子间交配，是禁忌中之禁忌，无论民之文野、时之古今、地之东西，皆不允许通婚。然而，在蛮地旅行者的文章中，极为罕见地能看见亲子结婚的习俗。例如，新几内亚的奇瓦伊族（Kiwai）就允许父亲娶女儿为妻，马来群岛中的某些种族允许亲子、兄弟姐妹通婚，沙巴的原住民葛郎族（Kalang）相信，母子结婚是繁荣的根基，在米纳哈萨（Minahassa）曾有亲子、兄弟姐妹通婚的传说。

从日本古典书籍中可知，在近亲通婚中，亲子通婚最先被禁。在《古事记》的仲哀天皇条目中，天皇于诃志比宫驾崩后，神职人员以"国之大奴佐"[1]来驱污净罪，举行"国之大祓"[2]，所净之罪，诸如生剥[3]、逆剥[4]、阿离[5]、沟埋[6]、屎户[7]、上通下通婚[8]、马婚、牛婚、鸡婚、犬婚[9]等。上述罪行，属于所谓的"天罪""国罪"，其中"上通下通婚"便是亲子交配之罪行。

---

[1] 大奴佐：日本举行除灾仪式时神主手上捧举的用具，日本神道向神祈祷时奉献的布帛类。——译注

[2] 大祓：日本自古每年在宫中举行的净罪的神道仪式。——译注

[3] 生剥：天罪之一，剥动物的皮。——译注

[4] 逆剥：天罪之一，从尾部剥动物的皮。——译注

[5] 阿离：天罪之一，破坏田畔。——译注

[6] 沟埋：天罪之一，填埋田里的引水沟。——译注

[7] 屎户：天罪之一，撒播污秽之物。——译注

[8] 上通下通婚：天罪之一，亲子通婚。——译注

[9] 马婚、牛婚、鸡婚、犬婚：天罪之一，人与马、牛、鸡、犬性交。——译注

之后的《皇太神宫仪式帐》《贞观仪式》《延喜式》的大祓词中，列举的国罪之一，便是"犯己母罪、犯己子罪"，指的就是与上文"上通下通婚"相同的行为。"犯己母罪"，就是男子与生母交配之罪，"犯己子罪"就是父亲与亲生女儿交配之罪。本居宣长对此有如下解释：

> 上通下通婚，训读为"意夜古多波祁"（オヤコタハケ），所谓"多波祁"，指不应交合之人交合，此罪在仪式或大祓祝词上，与"犯己母罪""犯己子罪""犯母与子罪""犯子与母罪"四种罪合并，共用此名。然，种种罪条内，多有略而言者，上述四种罪中，言上两种而不涉下两种。在《皇太神宫仪式帐》等书中，仅举上两种，而略下两种。然而，见四种罪与见两种罪，实无差异。所谓上通，即犯己母罪，所谓下通，则为犯己子罪。"犯子与母罪"兼上通，"犯母与子罪"兼下通。（《古事记传》，三十）

根据本居宣长之论述，《贞观仪式》及《延喜式》之大祓词中列举的四种奸淫罪中，所谓"犯母与子罪"，指的是也侵犯交合之妇人的女儿，而"犯子与母罪"，指的是也侵犯交配之妇人的母亲（《古事记传》，三十）。果真如此，那么称前者为下通婚、后者为上通婚，也确实恰当，但此二者，已经不是"犯己母罪、犯己子罪”的亲子间交配。

在古典书籍中记载的国罪，最初以亲子间交配作为禁忌而定罪，此外，在《贞观仪式》及《延喜式》之大祓词中，虽然犯母与子及犯子与母合并定罪，但两者皆无言及禁止同母兄弟姐妹，或者异母兄弟姐妹交配之事，因此，在考量近亲通婚之沿革上，此事实值得重点关注。

在中部美拉尼西亚，有同姓不娶及性质相同的同纹不娶之习俗。例如，在布卡岛（Buka），全岛岛民分为两大部族，甲部族以鸡为部族纹章，乙部族以“军舰鸟”（Fregatus，热带海鸟）为纹章。此外，在布干维尔岛（Bougainville）及周边诸岛上，人们也以各种鸟作为纹章，各部族执行外婚俗，严禁与同纹族之人通婚。此外，由于还有母系俗，男子必须娶其他纹章的族人为妻，而且出生的孩子归属母亲的纹族，母与子虽然不允许结婚，却不妨碍父亲与女儿结婚。在布卡岛及北部布干维尔岛，父亲娶女儿之事非常普遍，南部及周边地区原本便不作此禁，唯有北部较少发生此种现象。（Frazer, op. cit. II. p.118.）

此外，不少报告说明某些地区有承认亲子、兄弟姐妹通婚之习俗，韦斯特马尔克认为，这些报告往往自相矛盾，是建立在误认、误听的基础上，虽然确实偶见真实例子，但作为乱伦之婚，社会往往采取摒弃的态度，只有极少数会承认为正式婚姻。例如，在马绍尔群岛，即便酋长也曾做过与亲子、兄弟姐妹通婚之事，但当地人仍坚信这种丑行将来定会遭到上天报应。（Westermarck, op. cit. ch. xix.）

上文中已说明，亲子间之交配禁忌乃最严重之禁忌，因此不少民族在一般情况下，不仅禁止其结婚，而且异性亲子在孩子性成熟后，还必须忌避同居或接近。例如，巴塔族（Batta）相信男女二人单独同席必生丑行，其结果便是遭天谴，并将种种灾祸殃及全族。因此，即便是同一屋檐下之亲子，也严禁父亲单独与女儿同席，母亲单独与儿子同席。性成熟后的男子须入住独身宿舍，丧妻者须离家，如此习俗便是来自严格的两性相避禁忌。在英属东非的阿坎巴族（Akamba）中，未婚女子从开始性成熟至出嫁期间，必须严守忌避父亲的禁忌，坚守自身贞洁。因此，女儿不能与父亲同席，倘若路上偶遇父亲，亦须避而不见。只有出嫁后，方才能恢复亲子间之亲密关系。马达加斯加的贝齐米萨拉卡族（Betsimisaraka）严禁所有血亲间通婚，尤其是母子，不得同室、同席甚至交谈。（Frazer, op. cit. I. p.424.; II. pp.189, 638.）亲子之间不仅严禁通婚，而且多有防止其交配的接近禁忌，在澳大利亚等半开化文明民族中，这样的禁忌较为常见。

亲子交配乃乱伦中最严重的一种，其禁忌也最为严厉，对违禁者的制裁也随之十分严酷，不少习俗或法令中，违禁者必须处死。例如，在北美拉尼西亚的中央新爱尔兰（Central New

Ireland），母子同属同一图腾氏族，依据外婚法禁止通婚，而父女结婚虽然不受外婚法限制，却仍旧需要依照习惯严禁，违反者须被处以绞刑。（Peckel, Anthropos, iii, pp.465. sp.）

近亲交配之弊害最常见于兄弟姐妹之间。兄弟姐妹自出生后，便共同在双亲或母亲膝下承欢，并且从年龄上来看，交配诱惑之危险也最大，与年龄相距较大的亲子相比，兄弟姐妹相避的禁忌范围更广，同时也更为严格。上文曾提及，澳大利亚土著分裂图腾部落，以此禁止近亲结婚，这个过程是先从兄弟姐妹开始，随后范围扩大至亲子。此外，允许兄弟姐妹通婚的民族，与亲子通婚相比数量更多。

严禁兄弟姐妹通婚之禁令，作为结婚禁忌最早出现、最晚消亡，贯穿了近亲结婚禁忌之始终。在性关系上，兄弟与姐妹处境特殊，幼时共同成长于双亲或母亲身边，年龄相仿，即便进入青春期，起居寝食也时常同处，难免容易陷入交配关系中。而且，学者一致认为，近亲交配之忌避并非人性固有之本能，基本上来自人们无意识的受害经验。因此，不难想象，在原始社会，人类过着小团体生活，择偶范围极为有限，兄弟姐妹之间持续的性关系自然相对较多。即便是现今，择偶范围狭小之蛮民也时常默认兄弟姐妹通婚，又或是将兄弟姐妹作为最佳配偶。

兄弟姐妹通婚，自古便存在于神话、传说中，而且不少被作为史实记录于文献中，现今也仍有一些民族保有如此习俗。韦斯特马尔克极力否认混交状态，于是他努力地论证近亲结婚的变态之处，为此，他便要抹杀兄弟姐妹通婚相关之传说、记录的可信度。当出现论调相反的两种记录时，他更倾向于采纳消极观点的那方，然而在他书中例举之众多事例中，也有不少中等文明以下的民族允许兄弟姐妹通婚。即便是现今的文明人，也会出现亲上作亲的婚姻。

　　详细解说兄弟姐妹通婚相关之神话、传说、史实以及如今蛮民中之习俗，并非本论之目的，仅作为前提，举例说明近亲结婚禁忌之起源。日本神话将伊邪那岐、伊邪那美两位"妹背二柱[1]之神"作为婚姻之起源。古埃及史传中记载，法老（Pharaoh）王室娶姐妹为后，法老托勒密（Ptolemy）便效仿之。在罗马时代，传说农工阶层流行兄弟姐妹结婚。在现今之种族中，执行内婚俗的民族也承认此类婚姻，其中有些民族既不禁止，亦不赞同，有些则习以为常、见怪不怪，更有甚者，将其作为美事一桩，到处宣扬。例如，执行内婚俗的马达加斯加的安塔姆哦阿卡人（Antambahoaka）相信，亲上作亲乃幸福之根基。（Gennep, op. cit. p.161.）

　　　　　　　　　　　　　　　　　　

[1]妹背二柱："妹"为妇，"背"为夫，"二柱"是仅有两人之意。这是在日本神话中最早出现的夫妻神。——译注

兄弟姐妹通婚的许可范围有三种。一是允许全血亲结婚，即同父同母者；二是允许半血亲中的同父异母者结婚；三是允许半血亲中的同母异父者结婚。这三种范围中，第一种全血亲结婚被允许的比例最小，多数允许的是后二者，其中，允许第三种同母异父者结婚的数量极少，像危地马拉与尤卡坦半岛上的土著承认第三种情况的，实属异例。得到最多公认的是第二种同父异母者结婚。这大概是由于原始人不理解父子间之生殖关系，以为血统仅限于母系。

异母兄弟姐妹通婚，不仅在各民族之神话、传说、历史中最为常见，而且在如今的有些种族中也时常可见。犹太人的亚伯拉罕（Abraham）就娶了同父异母之妹莎拉（Sarah）为妻。（Genesis, XX. 12.）在古希腊，雅典人就曾有过异母兄弟姐妹通婚的历史。南斯拉夫的回教徒严禁全血亲兄弟姐妹通婚，违禁者将被处以死刑，但异母兄弟姐妹通婚却平安无事。加纳也允许异母兄弟姐妹通婚。刚果的巴亚加族（Bayaka）严禁男子娶同母姐妹为妻，异母姐妹虽可以娶，但当地人并不认为这是一个好风俗。英属新几内亚的土著、阿留申族（Aleut），以及北尼日利亚（Nigeria）的法拉尼族（Fulari）、伊多（Edo Country）的乌戈顿族（Gwaton）、奥索索族（Ososo）等，皆允许异母兄弟姐妹通婚。

在日本，至少在继承古代中国文化之前，皇室中普遍实行同父异母兄弟姐妹通婚，如下表所示（《日本书纪》）。图中标

记之 × 符号，便是标明此二人为同父异母兄弟姐妹通婚。

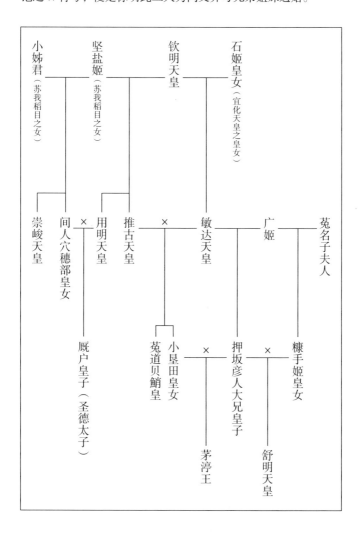

一个民族无论是执行外婚俗抑或是内婚俗，近亲结婚禁忌中最特殊之异例便是君王之婚姻。只因王室血统神圣且尊贵，不可混入其他血统，同时也为防止权力旁落，即便是外婚俗的民族也执行最严厉的近亲结婚禁忌，可唯独君王可娶姐妹等近亲为妻。其他如酋长、贵族等人，时常因重视血统之纯洁而近亲结婚或者同级结婚。日本现今之华族[1]，往往会定下家规，一家之长与继承人必须娶同族人为妻，即便无此家规，事实上许多华族家庭仍实行同级婚。

秘鲁的印加帝国（Inca）王室必须迎娶自己同胞姐妹中的最年长者，至五世纪末，图帕克·印加·尤潘基（Tupac Inca Yupanqui）规定，王只可娶同父姐妹为后，禁止娶其他人为妻，而娶全血亲姐妹乃王之特权，一般百姓无此权利。（Prescott, History of the Conquest of Peru, p.9.）达荷美族（Dahomey）只允许王族娶同父姐妹。布干达族（Baganda）规定，新王必须从同父姐妹中挑选一人，纳为后妃。马达加斯加的安提梅里纳族（Antimerina）虽然视近亲结婚为罪恶，然而在惯例上，王室可娶姐妹或其他近亲。（Gennep, op. cit. p.161.）

在缅甸，普通百姓不可娶同胞姐妹，然而，国王却必须至

---

[1] 华族：日本明治二年（1869年）授予以往的公爵、侯爵的族称，昭和二十二年（1947年）废除。——译注

少迎娶半血亲姐妹中之一人。在泰国，民间也时有发生男子迎娶半血亲姐妹之事，1900年，皇帝的第一皇后与第二皇后便是半血亲姐妹。（Young, Kingdom of the Yellow Robe, p.99. sq.）

在夏威夷，酋长之最佳配偶便是全血亲姐妹，即同父同母姐妹，若婚姻期间产下儿子，他便享有将来成为"最高酋长"（Niau pi'o）之资格，被人们称呼为"神主"（Akua），人们见而行叩拜大礼。次于最佳配偶者乃半血亲姐妹，即异父或异母姐妹，这位妻子产下的儿子，将来则成为"大酋长"（Niau-pio），人们见而行坐礼。倘若不能娶最适合的姐妹为妻，则必须娶兄弟姐妹之女。在上述几类近亲配偶生子后，若夫欲娶他女，妻欲嫁他男，那么，即便他们后一任配偶不如前一任配偶在血缘上如此匹配，也可顺利再婚。（Malo, Hawaiian Antiquities, p.80. sq.）但是，这样的近亲结婚仅为酋长之特权，族人则实行最为严格的近亲相避禁忌。基督教传教士允许堂（表）兄弟姐妹通婚，这样的主张成为传教士在岛上传教的一大障碍。

上述这些已获公认的兄弟姐妹通婚事例，多出自韦斯特马尔克的《人类婚姻史》。（Westermarck, op, cit, ch. XIX.）他是一位热心否认混交状态的学者，对兄弟姐妹通婚也抱有怀疑态度，如果有相关的存否观点各异之两类报告，基本上会毫不犹豫地舍前者而取后者。虽说如此，韦斯特马尔克书中数十个事例令人无法否认兄弟姐妹通婚的存在，可见从人类原始时期开始，经历了神话传说时代，直至历史时代，其间兄弟姐妹之交配关系或许比我们想象中要多许多。

兄弟姐妹通婚禁忌的产生原因，是性爱霸占之欲望下产生的嫉妒心。兄弟姐妹交配，往往会使一家或一族内的近亲发生情感上的竞争，相互嫉妒憎恨，导致兄弟阋墙，本该是社会团结核心的家庭内频生不和，进而危及社会根基。倘若社会无法消灭该解体原因，便会在生存竞争中处于劣势。反之，如果能将破坏团体之因素尽数去除，便能占据优势地位。如此自然淘汰之结果，最终产生兄弟姐妹等近亲结婚之禁忌，并且随时代之前进，该禁忌的部分内容最后成为法律。

如上所述，在德义观念尚未发达之蛮民中，兄弟姐妹最容易陷入交配关系，他们当中的接近禁忌实施范围最广，而且程度最严。有些习俗规定，男子到了性成熟期必须离家别居，主要就是为了避免兄弟姐妹之间接触。澳大利亚的土著普遍实行兄弟姐妹相避的禁忌。昆士兰的诸多民族规定，男子性成熟后不得与姐妹交谈，也不许叫姐妹名字。在美拉尼西亚，这类禁忌执行的力度最大。在澳大利亚的浅水湾岛（Repulse Island），习俗规定成年男子必须入住独身宿舍。进入独身宿舍后，不可与姐妹交流，不能将姐妹的名字作为普通词汇使用，偶尔可以回父亲家吃饭，但万一姐妹在家，则必须旋踵而去，即便姐妹不在家，为了能够在她们归来时迅速回避，男子只得坐在家门附近饮食。当男子与姐妹在路上偶遇时，男子必须逃匿隐蔽，沙地上若有姐妹足迹，则不可踩踏。在新麦克伦堡[1]（New Mecklenburg），兄弟与姐妹不可握手或传递物品，更不允许接近，若需要交谈，则必须隔空对话。违反此禁忌者，会被族人绞杀，而且，兄弟姐妹同属一个图腾部落，若通婚，则会因违反外婚俗而受绞刑制裁。

在斐济，相避禁忌包含观视、交谈、同室、称呼等。若有兄弟姐妹违反禁忌，则会连累整个民族遭受天谴。为避免灾祸，全民族便对违禁者采取报复式的惩罚。（Frazer, op. cit. I. p.542, II. pp.78–148.）

在上文曾出现的巴图族中，亲子间仍旧存在严格的相避禁忌，而且由于兄弟姐妹之间最容易发生性诱惑，因此，纵然有第三者在场，也不可同席或同行。马达加斯加的贝齐米萨拉卡族也规定，兄弟姐妹不可同席或交谈。（Frazer, II. 638.）在新不列颠省的加泽列半岛（Gazelle Peninsula），妇女自结婚之日起不得与兄弟交谈，也不可呼唤其名。

在日本上古[2]时代，是否真将兄弟姐妹通婚视为禁忌而严禁？一般说来，在男女配偶关系上，女性通常被称为"女

[1] 新麦克伦堡：新爱尔兰的旧称。——译注
[2] 上古：日本指京城主要建于大和的五世纪至七世纪的时期。——译注

158

（め）""妻（つま）"，而男子称呼配偶者为"妹（いも）"，女性称男性为"兄（せ）""所天（せこ）"。因此人们称夫妇为"妹兄（いもせ）"，称夫妇关系为"妹兄之契（いもせのちぎり）"。然而，如此称谓不一定说明确实是兄妹结婚，也不能说明婚姻始于兄妹交配。

《日本书纪·雄略纪》之首记载，天皇指着皇后说："吾妻。"底下注解写道："称妻为妹，乃古俗也。"虽然有后人注解之嫌（《日本书纪通释》第四、二三零一页），但直至平安时代，称呼妻子为"妹（いも）"，仍是常用之词。

此处须注意的是，在日本的上古时代，除了男性称呼配偶为"妹（いも）"之外，在兄弟姐妹之间，兄弟称姐妹均用"妹（いも）"，而姐妹称兄弟也均用"兄（せ）"。《日本书纪·仁贤纪》六年条目下写道，古人不论兄弟长幼，女称男为"兄（せ）"，男称女为"妹（いも）"。《后撰和歌集》中有诗云：

词书[1]：同胞兄妹间，不知生何事。

亲密如你我，却似秋之妹背山[2]，红叶悄变色，恰似君

---

[1] 词书：日本和歌、俳句的序言。——译注

[2] 妹背山：日文发音为"いもせ"，在奈良县中部吉野川的北岸有座妹山，在南岸有座背山，"妹背"本指代亲密的男女关系，在传统诗歌中，"妹背山"常作为兄妹的隐喻出现。——译注

159

心转情薄。

> 词书：同胞兄妹生龃龉，颜色不与往日同。
>
> 一山名妹背，风月情浓似兄妹，无奈云隔山，薄雾暧
> 瑰葸悲叹。

由此可知，即便是普通人，男性也称呼女性为"妹（いも）"，女性称呼男性为"兄（せ）"。然而这样的称谓，主要用于两情相悦的两性间，不对尊者使用，这从《万叶集》卷十二中之和歌便可得知。

> 称汝阿妹，惟恐无礼，
>
> 纵然如此，
>
> 仍愿用此语。

关于"妹（いも）""兄（せ）"之语义，本居宣长在其著作《古事记传》中有一番解说，今摘记如下：

> 所谓"妹（いも）"，自古无论是夫妇、兄弟姊妹抑
> 或是他人，当男女成双时，皆为女方之称。故《记》（指
> 《古事记》）中之例，言兄弟姊妹时，若为兄与妹，则称妹

为"妹某（いもそれ）"，若为姊与妹，则称"弟某（お
とそれ）"，不称"妹（いも）"，例如阿迟锄高日子根命，
次妹高比卖命，姊石长比卖，其弟木花之佐久夜毘卖。应
留心察看。可见古来之所定。然，女女之间称呼"妹（い
も）"，则上古并无。(《古事记传》卷三)

　　"势（せ）"即为"兄（せ）"，非仅用于夫妇、兄弟姊
妹之间，乃尊重男子之亲昵称呼，恰如称女子为"妹（い
も）"。《日本书纪》中有云："吾夫君，此云阿我雄势（あ
がなせと）。"便是用此义而书之文字。夫君之字，并非
"那势（なせ）"所有之义。衰祁命指御兄，称其为"汝兄
（なせ）"，又，"天照大神"称御弟须佐之男命为"我那势
命"。《万叶》十六中有"名兄乃君（なせのきみ）"，十四
中有"奈势乃古（なせのこ）"。"吾背（あがせ）"、又
"吾背子（あがせこ）"亦同。(《古事记传》卷六)

　　从上文中已获知，兄弟姐妹之间，男子称呼每位长姊皆
为"妹（いも）"，与妹妹同。而女子称呼每位兄弟皆为"兄
（せ）"。男子称长兄为"兄（あに）"，称幼弟为"弟（お
と）"，与此相仿，女子称长姊为"姊（あね）"，称小妹为
"妹（おと）"。盖"兄（あに）"与"姊（あね）"为同一语，
皆用于亲密称呼兄弟姐妹中之年长者，而"おと"则是对兄弟

姐妹中年少者之昵称。关于"おと"之语义，本居宣长在《古事记传》中如此解释：

> "淤登（おと）"是男女通用之称，且原本仅为"淤登（おと）"，后将其称作"淤登宇登（おとうと）"，例如称夫（を）为"袁宇登（をうと）"，称妹（いも）为"伊毛宇登（いもうと）"。"宇登（うと）"皆指人，如"弟人（おとひと）""大人（をひと）""妹人（いもひと）"。如此添缀"人"字乃后世之事也。（中略）相对于姊，后来出生者，女子亦称"弟（いと）"，不称"妹（いも）"，《古事记》中之例皆然，用心可见，中古之前已然如是。称后来出生之女子为"妹（いも）"，乃男兄所用之称呼，姊只能称妹为"弟（いと）"，不称"妹（いも）"。然至后世，姊亦称其为妹（いもうと），唯有男子方才称"弟（おとうと）"，姊妹之称，已属常见之事，非皇国之古称。（中略）实则至中古，与古时相同，姊称妹为"弟（おとうと）"，《古今杂集》之词书中，有云侍奉妻弟之人，《源氏物语》花宴卷中，称胧月夜君为女御之御弟，可见姊无称其为妹。（《古事记传》卷十六）

现将上述兄弟姐妹间之称呼归纳如下：

男性称呼兄弟姐妹：

兄为"あに"

弟为"おと"

姐为"いも"

妹为"いも"

女性称呼兄弟姐妹：

兄为"せ"

弟为"せ"

姐为"あね"

妹为"おと"

而根据路易斯摩尔根之记载，夏威夷人对兄弟姐妹的称呼，与日本上古兄姐妹间之称呼完全吻合，其称呼如下：

男性称呼兄弟姐妹：

兄为"Kaikŭaäna"

弟为"Kaikaina"

姐为"Kaikŭwäheena"

妹为"Kaikŭwäheena"

女性称呼兄弟姐妹：

兄为"Kaikǔnäna"

弟为"Kaikǔnäna"

姐为"Kaikǔaäna"

妹为"Kaikaina"

夏威夷男性称呼姐妹时，皆用"Kaikǔwäheena"一词，与日本男性称呼姐妹之"いも"相同。而女性称呼兄弟时，均为"Kaikǔnäna"，与日本女性称呼兄弟为"せ"一样。男性称呼长兄、女性称呼长姊，都用"Kaikǔaäna"一词，恰似日本上古的"あに"与"あね"。男性称呼幼弟、女性称呼小妹，共用同一词"Kaikaina"，这又与日本上古的"おと"相同。夏威夷人对兄弟姐妹之称呼，竟与日本上古之方式完全一致。（Lewis H.Morgan，Ancient Society，p.404.）摩尔根认为，夏威夷兄弟姐妹间之关系，在波利尼西亚多数部族亦可见（System of Consanguinity，pp.525–573），可知兄弟姐妹及旁系兄弟姐妹自成一体而通婚，自有其起源（Ancient Society，p.407）。

在日本上古时代，男子以称呼妻子之词"妹（いも）"来称呼同胞姐妹，女子用称呼丈夫之词"兄（せ）"来称呼同胞兄弟，正如摩尔根所言，在很长一段时期内，兄弟姐妹通婚是一个普遍存在之习俗。神话故事中，诺冉二神之子天照大神与

素盏鸣尊结合，共育有五位男神与三位女神，从中依稀可见日
本太古时期兄弟姐妹通婚之习俗。然而，历经几代光阴，文化
渐进，对于近亲结婚之想法也逐渐开始动摇，同母兄弟姐妹通
婚被视为不伦，并最终成为禁忌，此变化可从允恭天皇时期的
一桩著名公案得知。当时，皇太子木梨顷与同母胞妹轻大娘私
通，导致轻大娘被流放至伊予国。《日本书纪·允恭纪》二十四
年之条目中有如下记载：

> 夏六月，御膳羹汁凝以作水，天皇异之，卜其所由，
> 卜者曰，有内乱，盖亲亲相奸乎。时有人曰，木梨轻太子
> 奸同母妹轻大娘皇女。因以推问焉，辞既实也，太子是为
> 储君，不得罪，则流轻大娘皇女于伊予。

虽然同母兄弟姐妹通婚被禁止，然而异母兄弟姐妹迪婚却
在此后仍维持了很长一段时期，这可从史上实例得到证实。敏
达天皇娶异母之妹丰御食饮屋姬尊（推古天皇）为皇后，用明
天皇娶异母之妹穴穗部间人皇女为皇后，舒明天皇之父押坂彦
人大兄皇子娶异母姊妹的糠手姬皇女以及小垦田皇女为妻，皆
为知名事例，而且至平安朝时代，异母兄弟姐妹通婚之习俗依
然存在。

在日本律令中，《户令》虽然完存，但《户婚律》与其他许

多律篇一样，仅剩残篇，能遗存至今日者，不过少许逸文而已。而且，其中关于亲族间婚姻之规定虽不可见，但参看作为日本律令母法之唐《户婚律》，可得同姓婚、外姻婚、近亲婚之相关规定，记录如下：

> 诸同姓为婚者，各徒二年。缌麻以上以奸伦。若外姻有服属，而尊卑共为婚姻，及娶同母异父姊妹，若妻前夫之女者，亦各以奸论。（《唐律疏议》卷十四）

此外，《杂律》上有如下规定：

> 诸奸缌麻以上亲，及缌麻以上之妻，若妻前夫之女，及同母异父姊妹者，徒三年，强者流三千里，折伤者绞，妾减一等。（《唐律疏议》卷二十六）

同母异父兄弟姊妹通婚虽被禁止，然兄弟迎娶异母姊妹却不受禁。日本的诸多律令多尽数继承、模仿唐律中之条规，然而与上述唐《户婚律》之规定相当的日本律令却并无遗存，因此很难得知日本当时是否继承了上述规定。但依照日本自古以来之习惯，唐律中禁止同姓婚之规定，日本定无继承。此外，关于近亲婚，由于日本自古便将同母兄弟姐妹通婚视为禁忌，因此日本律令中曾经应该存在相关的禁止规定。然而，男子与异母姐妹之婚姻，在奈良朝之后依然存在，因此日本律令估计与唐律同，并未严禁。

在进入平安朝时代后，异母兄弟姐妹通婚仍旧盛行，《日本后纪》及《皇胤绍运录》中记载，平城天皇纳异母之妹朝原内亲王（母亲为酒人内亲王）以及大宅内亲王（母亲为橘岛田丸之女常子）为后妃，后又将异母之妹甘南美内亲王（母亲为藤原种继之女东子）纳为妃。《续日本后纪》及《皇胤绍运录》记载，嵯峨天皇纳异母之妹高津内亲王（母亲为坂上苅田麻吕之女全子）为妃，淳和天皇纳异母之妹高志内亲王（母亲与平城天皇之皇母同，藤原良继之女乙牟漏）为妃。

此外，同母兄弟姐妹通婚，在平安朝时代之后偶有发生，《皇胤绍运录》中记载，桓武天皇纳同母胞妹酒人内亲王为妃，宇多天皇之皇女均子内亲王婚配给同母胞兄敦庆亲王（但《大日本史》皇女列传中，敦庆亲王为均子内亲王的异母之兄）。此记载若无误谬，则此事可谓久已被禁的同母兄弟姐妹通婚重登历史舞台。这等事例，或许就与上文提及的王室近亲结婚一样，同属特例。然而，根据大祓词之内容，民间虽然将亲子交配视为禁忌，却不见将兄弟姐妹交配定为禁忌之踪迹。

两性相避之禁忌中，仅次于兄弟姐妹相避禁忌者，便是姑婿间之相避习俗。此禁忌在一些半开化民族中最为盛行，尤其在澳大利亚，是全体土著最严格执行的一般习俗，该禁忌在美拉尼西亚、波利尼西亚、非洲等地也广为盛行。例如，澳大利亚各民族专门以特殊名称（too-ah，doo-ah，ngan-yerri，nganya，kenjir，dar-ar-buk等）来表示该习俗，可见姑婿相避极为普遍。（Cameron，Some Tribes of New South Wales. –Journal of the Anthrop. Inst. XIV. 1885.）

姑婿相避之禁忌的发生原因，与其他两性相避禁忌的原因一样，而且之所以格外严格，是因为一旦犯禁，产生的纷争不仅会破坏亲族间之和谐、有害家庭和平，而且会扰乱舅姑间之夫妻关系、母女间之亲子关系，以及女儿与女婿间之夫妻关系，极大地危及原始社会中的团体基础。而且，由于妻子之缘故，姑婿间最容易亲近，在德行尚未发达的民族中，并不特别将两者隔离，杜绝诱惑之途径，由此经常陷入不伦的丑恶关系中，因此，在一些半开化民族中须严格执行。

卢伯克将姑婿相避之原因归结到掠夺婚上，此习俗的起因是妻子之父母痛恨将女儿掠走之人，从而产生敌视。到了掠夺婚被废、仅存象征意义之仪式的时代，象征父母怒气之绝交状态却依然持续。（Lord Avebury，The Origin of Civilization and the Primitive Condition of Man.）然而，此说明的不当之处在于，正如克劳利之论述，姑婿相避之习俗也存在于无掠夺婚的民族中。（Crawley，The Mystic Rose. p.405.）

姑婿相避之禁忌，除接触禁忌外，还包含观视禁忌、谈话禁忌、称呼禁忌。

（一）接触禁忌

接触禁忌可称为两性相避中之根本大义，其他三种禁忌不过是接触禁忌之延伸而已。因此，在保有该习俗的民族中，不仅严禁相互身体接触，而且有不少民族甚至禁止诸如传递物品、馈赠食物等通过物品媒介的间接接触。在此举二例，在澳大利亚的库林族（Kulin）中，女婿将猎得的食物赠予岳父时，若岳母欲共同分食，必须先用黑碳粉或碳汁涂抹于脸部尤其是嘴巴上，方可食用。当地人相信，若不如此，岳母一旦吃了女婿之手接触过的食物，便会受到违禁的惩罚，一夜白头。（Howitt, Native Tribes of South-East Australia. pp.255, 257.）在美国的奥马哈（Omaha），印第安的达科他族（Dakota）规定，如果岳母要递交物品给女婿，必须通过自己的女儿，即他的妻子之手，若女儿不在，岳母则将物品放置地上，随后离去，绝不可直接当面递交。这类相避习俗程度最严格者甚至波及妻子之祖母。波尼族（Pawnee）因无此类相避习俗，竟被其他民族嘲笑为"蠢货"。（Frazer, op. cit. III. p.109.）

姑婿不可同居一室，倘若其中一方偶入另一方所在之居室，则另一方必须以布蒙面，或者疾步逃往其他房间

（Ponkas，Navahoe，Apache，Bantu，Tinneh 等）。在昆士兰，人们严禁姑婿相互靠近，在维多利亚州西南部，当地人规定，岳母家方圆两百步以内，女婿不可靠近。（Dawson，Australian Aborigines. p.40.）更有甚者如珈巴拉族（Chepara），女婿住所之大门，必须设在岳母住所大门的相反方向，若为比邻，中间必筑高墙，而且平日不可口出高声，使隔壁听见。再如悠因族（Yuin），他们有非常极端的相避习俗，女婿甚至不可面向岳母居住的方向，倘若自己的影子与岳母相触，则必须与妻离别。

（二）观视禁忌

一旦女儿出嫁，姑婿两人便绝交，不再会面，这是姑婿相避中的一般习俗（Dakota，Narigo，Wagogo，Teton，Navahoe，Apache，Kulin，Ponkas，Baganda，Banyoro，Tinneh，Maidas，Wachandie，Amapondas，Matabebe，Tanganyika，Arawak，Kamilaroi，Solomon Island 等）。因此，自女儿女婿成婚之日起，姑婿两人便一生不复相见，倘若路上偶遇，其中一方必须逃入林中隐蔽，背向而立，或用手、衣袖、盾或者布遮面，待其经过。为避免路遇岳母，女婿通常绕道而行，这是极为常见之风俗（Bantu，Banks Island 等）。在凡纳拉瓦岛（Vanna Lava），沙滩上若留有岳母足迹，在足迹被海浪冲洗殆尽之前，女婿不可通过。班图族（Bantu）以草编环，绕于头上，以此作为避免观视之象征。

弗雷泽曾记有这样一个故事，有位欧洲传教士来到非洲的赫勒娄族（Herero）。一日，传教士正对众人传教，忽有一妇人出现，其中一位青年惊得立刻倒卧于地，身边友人忙用兽皮将其覆盖，青年躲在兽皮下酷暑难耐，汗流浃背，直至妇人离去，方才起身。原来该妇人是他未婚妻之母。（Frazer, op. cit. IV. p.303.）由于该观视禁忌普遍实行，在墨西哥及亚利桑那州的纳瓦霍语（Navahoe）中，将岳母称为"doyshini"（不可见之人）。在南非的赫勒娄族（Herero），姑婿相避乃最严格之禁忌，因此姑婿两人被称为"omu-henendu"，即"不可近之人"。在非洲刚果，如果女婿途中偶遇岳母却不隐匿，舆论会以紊乱风纪之大罪对其进行处罚，惩罚是必须赠予岳母野牛一头，以此作为赎罪之物。（Frazer, op. cit. II. p.623.）

（三）谈话禁忌

除上述禁忌外，姑婿之间还须避开声音之接触，因此姑婿不许交谈，该习俗也作为姑婿相避禁忌之一大要素而广为通行。若两人需要谈话，则必须以妻子或第三方为介，背向而立，隔着物体，从远处交谈（Dakota, Bantu, Wagogo, Baganda, Banyoro, Tlingits, Haidas, Tinneh, Maidas, Molechus, Matabele,

Caribs，Vanna Lava等）。在托勒斯海峡（Torres Straits）的岛屿上，若是紧急时刻，允许姑婿用极低之声量交谈。在中非的阿坎巴族（A-kamba），姑婿的交谈禁忌极为严格，当地有风俗，倘若丈夫与岳母在途中交谈，则妻子可以休夫。如果姑婿需要交谈，则女婿须深夜前往岳母家，与其隔墙对话。

（四）称呼禁忌

口内称呼他人名字，便是以声音接触此人。因此身体接触之禁忌可延伸至称呼禁忌，这在上文的名讳中已有论述。姑婿不可相互说其名，若实在必要，只可说姓，或者用其他词语来指代（Dakota，Torres Straits，Manna Lava，New Hebrides，Bantu等）。在新南威尔士的尼亚利戈族（Ngarigo），岳母甚至不可听见女婿名字，若身边有人偶尔说出女婿名字，岳母必须立刻塞耳避听。（Howitt，op. cit. p.199.）

针对违反姑婿相避禁忌的制裁，可明显地展示出从冥罚转为现罚之经过。上述几种禁忌之违反者，一般会蒙受超自然制裁，同时还须接受人为制裁。例如，作为冥罚，观视禁忌之违反者会而失明（Navahoe等），谈话禁忌或称呼禁忌之违反者会牙齿腐烂（Australia等）、一夜白头（Kulin等）甚至秃顶（Australia等）、无子（Yucatan）。而且在遭受冥罚的同时，上文也已提及，若丈夫途中偶遇岳母而交谈，妻子可休夫；如果女婿碰触了岳母的影子，则必须离开妻子；如果女婿与岳母交谈，女婿必须在远离部落之处建一简陋小屋，一直居住到交谈之罪消亡，才可离开；更有甚者，有些民族会将女婿处以死刑（Kamilrroi 等）。（Hawitt, op. cit. p.208.）

堂（表）兄弟姐妹通婚，是界定近亲交配之界限。因时间与地点之差异，使得该习俗极为多样化，有些风俗认定其为近亲婚之禁忌，加以严禁；有些则面上许可，但私下嫌忌；有些认为堂（表）兄弟姐妹乃最佳配偶，多加鼓励；有些则强制将娶堂（表）姐妹之行为定为堂（表）兄弟之权利或义务；也有些仅将其认同为普通婚姻。

堂（表）兄弟姐妹通婚作为禁忌被严禁或嫌弃的理由，与其他近亲婚的禁忌无异，却是其中最轻的禁忌，自古以来，各个民族的习俗或法律对此的态度都是赞否参半，要么严禁，要么承认。

无论是视其为最佳配偶而大加鼓励，还是强制作为义务，承认堂（表）兄弟姐妹通婚之理由因民族不同而多少有异，首要原因是为保持血统之纯洁，其次是为了在血缘家族内保住财产。韦斯特马尔克与弗雷泽都将人们重视堂（表）兄弟姐妹通婚的原因归结为经济动机，因为迎娶姑母之女或舅父之女所付出的婚姻成本，比外娶他人低廉。（Westermarck, op. cit. II. 68 sq.; Frazer, Folklore in the Old Testament, II. 263 sq.）但是，与

其归结为婚姻成本相对低廉，不如将其视为以此为权利、义务
或者理所应当之结果。因此，经济动机并非主因，只能归为
从因。

古代阿拉伯人拥有娶叔伯之女（bint'am）的权利。此权利
是亲族权之一，以此来巩固血统，将财产保持在亲族之中。在
伊斯兰教民族中，至今仍承认堂（表）兄弟拥有娶叔伯之女
（bint'am）的优先权。例如，在阿拉伯的贝都因族（Bedouins）
中，当堂（表）兄弟提出请求，想以相当之聘礼迎娶一位堂
（表）姐妹时，则该女子之父不可拒绝，而且此聘礼也比娶其他
姑娘少得多。虽堂（表）兄弟不一定非娶堂（表）姐妹不可，
但当堂（表）姐妹要嫁于他人时，该女子之父亲必须征得其堂
（表）兄弟的同意。（Robertson Smith, Kinship and Marriage in
Early Arabia. pp.82, 138, 164.; Wilken, Das Matriarchat bei den
alten Arabern. S.59. ）

在缅甸的景尼族（Chin，或Khyen），兄弟之女与姐妹之
儿有通婚之权利与义务，然而，倘若其中一方已到适婚年龄，
而另一方却尚未达到，此时，已到适婚年龄的一方便无义务继
续等待，可与他人自由结婚。倘若违反了上述义务而与他人结
婚，则必须处以罚金。印度阿萨姆邦的米吉尔族（Mikir）曾
定下规矩，男子不娶表姐妹时，则必须接受舅舅的鞭笞。如果
父母没将女儿嫁给拥有求婚权利之近亲，而是嫁给他人，那

么该父母会被褫夺级民籍（Kaste，印度古代世袭等级制）。
（Westermarck, op. cit. II. p.73.）

很多民族将堂（表）兄弟姐妹通婚当作一方的权利，或者是一方或双方的义务，可以强制执行。在此举二例，斯里兰卡的僧伽罗族（Sinhalese）将两兄或两姐妹之子女通婚视为禁忌，但是女子姑母之子以及女子舅舅之子，拥有对其堂（表）姐妹求婚的优先权。在斐济，当地禁止男子迎娶叔伯之女或姨母之女，但是，男子自出生之日起，便被看作姑母之女或舅舅之女的"预定之夫"。（Thomson, Fijians. p.183. sq.）

在巴勒斯坦及摩洛哥，当堂（表）姐妹嫁于他人时，她的堂（表）兄弟有权在娶亲当日抢走新娘。摩洛哥的里夫族（Rif）曾屡屡发生堂（表）姐妹之父被外甥杀害之事件，被害原因是其父未经堂（表）兄弟之许可而将女儿嫁于他人。摩洛哥之风俗与阿拉伯相似，当堂（表）兄弟娶叔伯之女时，聘礼之数可低于外娶他人之聘礼，但是倘若父亲不愿将女儿嫁于他，可故意索要高额聘礼，以此间接拒绝。如上所述，民间承认堂（表）兄弟有娶堂（表）姐妹的优先权，同时又将娶堂（表）姐妹视为堂（表）兄弟德义上之义务，并且多有奖励；反之，倘若明明有堂（表）姐妹却不娶，那便是不正当行为。在宗教上，娶堂（表）姐妹之人，在复活节不会受到神的惩罚，而且丈夫代表祖先，妻子咒骂丈夫等同于咒骂祖先，忤逆丈夫便是忤逆祖先，因此堂（表）姐妹嫁给堂（表）兄弟后，都对丈夫百依百顺。当地有句俗语："娶外人者，从酒壶里喝水；娶姐妹者，从茶碗里喝水。"此乃婚姻之比喻：不知底细便结婚，危险；知根知底才结婚，安全。（Westermarck，op. cit. II. p.68. sq.）

印度的伊斯兰教徒也鼓励堂（表）兄弟姐妹通婚，认定他们是彼此的最佳配偶。允许通婚之理由，是为了防止族内混入外族血统，以及在血缘范围内保存家产。（Westermarck, op. cit. ii. ch. XVIII.）

在马达加斯加，堂（表）兄弟姐妹通婚被称为"lovatsi-mifindra"（家产保留之意），当地人都鼓励这种行为，因为他们认为这才是天造地设之佳侣。虽然兄弟之子女与姐妹之子女结婚属近亲结婚，但是若举行除灾仪式，便可得到许可。唯独同母姐妹之子女通婚才被视为乱伦而被严禁。想来这样的认同、许可、禁止皆出自母系亲俗。在南非的班图族中，即便是深居内陆高山之部落，为防止家产转移至异血统之外族，通常男子都娶叔伯之女。还有些习俗认为男子娶叔伯之女或舅舅之女才是完美婚姻，而且拥有如此习俗的民族数量亦最多。例如，此习俗在印度南部极为盛行，而且在其他地区也相当普遍。

反对堂（表）兄弟姐妹通婚之习俗有以下三种，第一种是视其为寻常禁忌，畏惧招惹灾难而忌避；第二种是认为此禁忌非硬性规定，举行除灾仪式后便可免除恶果；第三种是相信犯禁之祸害不仅针对当事人，其亲族、部落等皆会受牵连，为此严厉禁止，违禁者会受到人为制裁与惩罚。

在上述三种禁忌中，第一种虽然认为堂（表）兄弟姐妹通婚会带来厄运，但此厄运仅针对当事人或其家庭，而且犯禁后之制裁属天意，因此，是否严守禁忌只凭主观信念，如同日本人迷信丙午年出生之女克夫，仅为单纯的避婚习俗，并无人为制裁之强制力。此类禁忌往往也遗存于较为开化的文明社会中，并且拥有相当之效力，更何况那些半开化的文明社会。该禁忌不仅局限于堂（表）兄弟姐妹通婚，在各种婚姻上也有所体现，事实上，此效力并不弱于人为制裁之强制力。

禁止堂（表）兄弟姐妹通婚的第二种禁忌，可通过除灾仪式得到解除。例如，大亚克族严禁堂（表）兄弟姐妹通婚，因为灾祸会殃及全族。但是，倘若依然有人希望成婚，便举行一个称为"Bergaput"的除灾仪式，便可得到结婚许可。在"Bergaput"除灾仪式上，男女双方先至河边，将身上饰物装入一小瓶中，使其顺水漂走。又或者是将刀与血抛入河中，之后宰猪做贡品，取猪血，再将尸休投入河中，随后观礼者将两人抛入河中净身，最后两人携带盛放着猪血的竹筒回去，在部落内巡游，然后将猪血悉数倒入地里，表示净地，之后才可举行结婚仪式。倘若堂（表）兄弟姐妹相互嫁娶而没有举行除灾仪式，那么便会米谷不登，全族陷入饥荒。（Frazer, Psyche's Task, p.34.）

中央西里伯斯岛（Central Celebes）的特默里族（Tomori）非常忌讳近亲结婚，甚至会将犯禁者处以绞刑。然而，如果叔伯与侄女事先举行了除灾仪式，便可顺利结婚。他们的除灾仪式须将男女双方的上衣放入铜盘，浇上作为贡品的羊血或鸡血，然后顺水漂走，便可免除灾祸。（Frazer, Psyche's Task, p.37.）

也有许多民族将堂（表）兄弟姐妹通婚定为最重大之禁忌，坚决严禁。

英属东非的南迪族（Nandi）严厉反对堂（表）兄弟姐妹等近亲结婚，若出现犯禁者，群众会包围其住所，拖出犯人，不管犯禁之妇女年龄几何，皆被剥除衣物，并遭受群殴，义愤填膺之群众还会破坏住所、糟蹋农作物、没收家畜。（Frazer, Psyche's Task, p.43.）

霍屯督人也严禁堂（表）兄弟姐妹及其子女通婚，违禁者乱棍打死。自古以来，此制裁法在霍屯督种族中被严格执行，无论尊卑、贫富、亲疏，判决一作，立即执行。（Peter Kolben, The Present State of the Cape of Good Hope. i. 159.）之所以采取如此残酷之刑罚，是因为他们迷信乱伦会使全族蒙受灾祸。

非洲的赫勒娄族（Herero）也严禁两兄弟之子女、两姐妹之子女通婚。（Bensen, Das Recht der Herero, Zeitschr. f. vergl.

Rechtswiss. XIV. 300；Dannert, Zum Recht der Herero, pp.33，37.）

在堂（表）兄弟姐妹通婚一事上，非洲东南地区的各民族因沿海与内陆之差异而风俗各异。在沿海地区，男子视所有堂（表）姐妹、远房堂（表）姐妹等人皆为自家姐妹，并且是她们的保护者，倘若与之交配或结婚，则罪大恶极，所以严禁通婚。当出现违禁行为时，若是古代，则该男子被处死刑，如今虽不致死，却要交出贵重之赎品，而女子要献上贡品，举行净罪仪式，否则自己及后代必会遭受冥罚。内地民族则相反，为保存家族财产，通常男子都要娶叔伯之女为妻，然而此举在沿海民族眼中却成为陋习，他们谩骂近亲结婚者为狗夫妻，并说内地多疯子、狂人，皆因陋习作祟。（Frazer, op. cit. II. p.383.）

上述第三种禁忌中，人为制裁通常由一定的个人或团体等社会机构来执行，而且当执行制裁的个人或团体的权利公权化之时，禁忌的规范也逐步发生改变，开始享有法性，这与其他禁忌无异。

婚姻是合法的性关系。令性关系贞洁纯粹、确立婚姻社会法律制度者，便是通奸禁忌。通奸禁忌在两性相避相关禁忌中最为重要，无此禁忌便无婚姻，社会亦难以成立。独占恋人之想法乃人之常情，若有人破坏此独占状态，嫉妒之火便会瞬间燃起，这种情绪不仅会破坏一家和平，还会使凝聚原始团体的血统关系发生混乱，进而危及社会之基础。因此，若无严禁妻子与他人私通之习俗，社会便无未来可言。至少在发展中的原始社会里，应当将通奸设为禁忌，犯禁者会遭受冥罚。所谓的两性混交状态（promiscuity）、团体婚（group marriage），均无法创造出充当社会基础之家庭，更不会作为普遍习俗得到永存。（Westermarck, History of Human Marriage, ch. IX.）印度的都达族（Toda）不仅不把通奸视为不道德，而且，那些不让妻子与他人私通之吝啬者，死后不可直接升入天国，必先坠入地狱，洗净罪孽后，方才步行奔赴极乐之地，直至双腿走断，天祖方才赐予双足，若非如此，便不能投胎转世。估计是因为当地女子少而男子多，方才造就如此异俗。（Rivers, The Todas, pp.397–400, 529. ff.）达尔文认为，许多四足动物皆具备特别武器与情敌搏斗并独占对象。嫉妒乃高等动物之通性，人类自原始时代起，通常亦为一男配一女，唯独强者才能占有数女，男子须高度警惕来自其他男子的抢夺威胁。因此女子之贞操德义，是由男子之嫉妒心造成。（Darwin, Descent of Man, ii. 394 ff.）

婚姻关系的不可侵犯来源于性之本能，而且可称其为家族及社会存在发展之基础。因此在一些半开化文明社会，婚姻通过通奸禁忌之信念得以维持，在中级以上的文明社会，婚姻的维持依靠宗教之禁戒、道德之教义以及社会之习惯，最后依靠法律力量进行制裁。通奸直接侵害男女正当的交配关系，刺激人的嫉妒之情，破坏社会和平，即便是智力不高的蛮人也深知其害，为此，对犯禁者的制裁，不仅是冥罚而已，同时必须附加人为惩罚。明显危害社会之行为，最能使禁忌的超自然制裁迅速转变为法律上的人为制裁。

通奸在原始社会是禁忌，在文明社会则是犯罪。由于通奸可强烈刺激丈夫之嫉妒心，最初时，仅为个人私事，丈夫作为被害者对奸夫实施报复。一方面，同社会成员以他推己，几乎人人厌恶通奸行为，面对丈夫作为被害者之愤怒，同族人不仅心生同情，也负担起复仇义务。另一方面，违反通奸禁忌必遭受冥罚，此惩罚会波及同民族或同地区之人，因此便不再是个人私事，而成为社会公事。于是，不管是否存在冥罚，社会都会直接对此行为实施报复。

如此便可以将婚姻不可侵犯的发展过程分为四期。第一期是个人复仇时期，第二期是禁忌的冥罚时期，第三期是社会的惩罚时期，第四期是国家的刑罚时期。

刚果的班巴拉人（Bambara）相信，通奸者所生之子必死，东南美洲的桑格人（Thonga）也坚信难产乃通奸之恶果。妻子通奸，可使丈夫与奸夫之间产生神秘因缘，一方生病，另一方也身有不适；一方死亡，另一方也必死，这种迷信，在上述桑格族、智利的阿洛柯族（Araucanian）中皆可见。（Westermarck, op. cit. p.315.）在中非的布干达族（Baganda）中，如果孩子在出生后、命名前，其父或其母发生通奸行为，则必须乞求药师举行除灾仪式，否则孩子必会夭折。此外，还有一种迷信，如果孕妇在孕中与他人通奸，那么淫妇必须在产褥期被闷死，否则会发狂，杀害并吃掉婴儿。因此，倘若妻子死于产褥期，便成为她不贞之确证，不幸的丈夫不仅丧妻，还要遭受冤屈，接受族人的金钱惩罚，原因是人们臆断他在妻子生前无多加管束，犯下罪科。

当妻子有不贞行为时，丈夫在狩猎时便会倒霉，不是一无所获，就是被猛兽毒蛇所伤，甚至葬身猛兽之腹，部分种族中多有此信念。在拥有此类迷信的民族中，东美洲的瓦葛葛族（Wagogo）、南美玻利维亚的莫克索斯印第安人、阿留申的捕海獭者最为显著，倘若偶尔狩猎不顺，例如出现负伤、坠崖、翻船等事故，他们便认定，这是妻子的不贞行为在作祟，丈夫便在盛怒与猜疑中返家，叱骂无辜的妻子，而且时常发生流血惨案，或者婚姻破裂的惨剧。在马达加斯加，虽然妇人之操守一般很低，但是当地人迷信，在丈夫出征打战时，若妻子红杏出墙，丈夫便重则战死，轻则负伤，为此妻子必须慎行。祖鲁人相信，不贞的妻子如果不事先食用某种草药而接触丈夫的器具，丈夫会突然剧烈咳嗽，窒息而死。另外，通奸者来奸夫之妻或淫妇之夫病榻前探病时，病人必因流冷汗而闷死。在西里伯斯海东边的邦盖群岛（Banggai Islands），岛上居民相信，地震是岛民的不正当恋爱作祟，以此严禁通奸。（Frazer, op. cit. IV.）

有不少半开化的民族认为，违反通奸禁忌会导致疫病流行，或者被猛兽毒蛇所害。例如，印度的拉吉玛哈利族人（Rajimahali）相信，若族中藏匿着通奸者，且并未净罪，全族便会恶病流行，或者被老虎等猛兽伤害。倘若灾祸果真出现，族人便认为是有人触怒神威，须通过占卜发现罪人，让其赎罪。此时，倘若通奸者被恐惧之念驱使，自首其罪，那么族人会让奸夫献出一头猪作为赎罪品，之后杀猪取血，将猪血泼向通奸者二人，以此来洗净罪孽，消除全族人的灾害。苏门答腊的巴塔族（Batta）、越南的土著奥兰格勒族（Orang glai）也都相信通奸会招来鳄鱼、老虎等猛兽之祸。

违反通奸禁忌会遭受冥罚，产生的所有灾害中，最常见者便是饥馑。许多民族相信，通奸之恶行会玷污种族或土地，其恶果便是出现洪涝、干旱、虫害等，导致五谷不登，饥馑遍地。因饥馑而绝粮，严重威胁到社会存在之基础，因此，当灾害发生时，族人便大为惊恐，认为族中必有通奸者，于是通过占卜、祷审等方法，查找出罪人，或是献供来平息神怒，或是修祓以消灾，或惩罚罪人以平息公愤。例如，缅甸的克伦人（Karen）遇到洪涝、干旱而发生饥馑时，便认为是天神地祇因族中有通奸者而怒降灾祸，于是，为平息神祇之怒气，族人便献上祭品，或令通奸者买猪作为赎罪品，随后杀猪，祈祷土地恢复原状。在土地恢复的祈祷中，通奸者二人各持猪的一腿，在地上挖沟，随后浇入猪血，用双手刨地，口中唱着谢罪与土地恢复的祷告词。

加里曼丹岛的巴豪族（Bahau）相信，族中若出现通奸者，则神会惩罚全族五谷不登，遭受饥馑灾祸。因此，当族人得知出现通奸者时，便仿佛文明社会发生传染病一般，立即将通奸者隔离开。为避免灾害波及无辜的族人，人们将通奸者二人及其财产归置于河中孤岛上，请女巫举行祈祷仪式，女巫杀鸡宰猪，将血涂抹于通奸者的财产上，仿佛是现代人撒石炭酸消毒一般，之后递给通奸者十六枚鸡蛋，令两人乘坐竹筏顺水漂流，倘若他们想投水上岸，岸上人便拿灯心草做标枪，往他们身上投射。听说这是以往判通奸者溺刑时之遗俗，用以击退想逃窜上岸的犯人。中非的布干达族（Baganda）因恐惧通奸的神罚会殃及全族，便会严厉拷问通奸嫌疑者，倘若人们信他有罪，便会处死通奸者。此外，达雅克人（Dyak）也相信通奸者所踏之地污秽不堪，会令当地阴雨连绵、谷草腐烂。因此，当霖雨数旬、农作物受损时，人们便认为是贝塔拉神（Petara）因族中有奸淫行为而惩罚人类，长老便搜查并处罚通奸者及近亲相奸者，以猪血来洁净土地，平息神怒，乞求天晴。世界各地之半开化民族，例如印度的阿萨姆族等，不少都迷信违犯通奸禁忌会殃及农作物。（Frazer, Psyche's Task, IV.）

违犯通奸禁忌而产生的灾害，有些仅局限于个人或家庭，例如上文出现的无子、难产、婴儿死亡等，有些则会殃及同族或同地区，例如干旱、洪涝、饥馑、疾病、地震、火山爆发、猛兽毒蛇攻击等，因此犯禁之人为制裁的发生便有快慢之分。

灾害只发生于个人或家庭中的，唯有当社会产生同情之后，方才出现人为制裁。而灾害殃及同族或同地区的，社会则因为社会成员之举止而直接蒙受祸害，因此社会会直接对施害者进行惩罚，同时为神灵献上贡品以求赎罪，或者举行除灾仪式。而且，社会制裁随着后来公权力之发展而演变成为刑罚。

在现今高度文明社会，禁忌作为习俗被保留得最多者，是婚姻及葬祭相关之禁忌。由于禁忌本是源自人们恐惧犯禁带来厄运之信念，因此在婚姻、葬祭等与人生祸福相关之大事上，往往产生许多迷信，在无知的民众间传播，最后形成了普遍的习俗，虽有智者嗤笑其愚蠢，却也不得不遵守。例如，日本人就忌讳娶丙午年出生之女子，忌讳夫妻年龄相差三岁、九岁，忌讳于"申日"结婚。此外，民间都有种种禁忌，诸如"干支""流年""方位""时辰"等，但这些不过是遗留下的单纯习俗而已。而且，婚姻相关之禁忌中，破坏婚姻根本的通奸行为、因性竞争而危及共同生活基础的近亲结婚，以及其他对社会破坏重大的行为，除会受到超自然力的制裁外，还必须受到公权制裁，因此逐渐变得法律化。

第四章　禁忌与财产权

人类视外物为自身生存之资料。从衣食住之生活必需品，到装饰、玩物等奢侈品，皆以外物来满足自身需要或嗜好。因此，不论文化程度如何，获取并占有外物以满足自身欲求、根据目的直接消费或保管，是人类生存作用之一大现象。然而，在一些半开化文明社会中，人们有所有之事实，却无所有之权利，其所有物只能通过自身实力与密切注意才可持续，因为更强大者会来掠夺，更机智者会来骗取，甚至不如己者也会来偷窃，在使用外物一事上，可谓毫无保障。在弱肉强食的原始时代，争斗永无停息之日，饥饿亦屡屡而至，人人皆处于不安状态中，因此，此时人类尚未踏上文化之路。然而，如果在如此粗犷的社会中，存在一种超级势力，令人人皆互不侵犯，随后产生"自有、他有"（mine and thine）之观念，那么，此势力便在人类进化之路上开辟出一条途径，令人类的物质水平、知识程度瞬时加速进步。在多数原始社会中，令人们产生"自他专有不可侵"之观念的超级势力，便是禁忌。换言之，自我专有专用之事实至后世有社会公权力之保护、有法律保障其不可侵犯的一大原因，便是禁忌之信念。

在新西兰，所有物之专用几乎悉数由禁忌来保障，因此，一位多年居住岛上并精通民俗的作家曾说过，人的禁忌之根本，来自保护财产之目的。（Old New Zealand, by a Pakeha Maori, pp.94–97.）

所谓禁忌，乃人触及某物时灾难忽至，或是得病，或是丧命，遭受种种冥罚。因此，一方面禁忌赋予物体不可侵犯性，将该物与其他人隔离；另一方面巩固了物体与所有者间之关系，由此产生尊重自他所有之习惯，该习惯最终产生法律上之权利。

物体之禁忌成为财产权的理由有两大类别，一类因物体之从属关系而生，另一类因设定而生。

因从属关系而生之物体禁忌，主要来自人的禁忌之延长性或感染性。例如，国王、酋长、僧侣等人具有人的禁忌，他们所持有或使用之物品，无论是住所，还是衣物、器具、兵器、食品、奴隶等物，皆严禁他人碰触，甚至观视，倘若碰触或观视，不必等到人罚，冥罚便立现，或是身体麻痹，或是眼花晕眩。由于人们对此说法深信不疑，面对这些物品，便宛如面对物品持有者或使用者，认为它们神圣而不可侵犯。然而，当出现犯禁者时，即便犯禁者会被心中的迷信与恐惧所震慑，自发地受到超自然力的惩罚，国王等人也不会善罢甘休，必会严惩，因此冥罚与现罚并行，最后又增添法律制裁，保障其物品之不可侵犯性。

在波利尼西亚群岛土著的信念中，一旦人的所有物成为禁忌，该物体便具有一股神秘威力，非所有者的任何人都不得靠近或触摸。在新西兰，自居所、衣物起，无论何等贵重品，一旦贴上禁忌标示，便可保证主人安全地占有。例如，当人们需要使用林中树木来制作独木船时，便在树干上系上一捆干草，那么其他人皆不可砍伐。当要外出旅行时，人们便以麻编织成绳，悬挂于大门口，这个居所便立即成为不可侵犯之界，即便几年间无人居住也非常安全。这样的物体禁忌乃人的禁忌之结果，由于国王、酋长、僧侣等贵人之身体本身便十分神圣，从而具有禁忌性，因此其禁忌性便延伸至其居所、物品等所有物上。又或者是国王、酋长本身具有禁忌性，他们也拥有通过接触等方式在物体上设定禁忌之权利。例如，在新西兰，不仅是国王、酋长，甚至连小酋长、战士、其他绅士（rangatira），皆可依照各自地位之尊卑，享有一定程度的禁忌性。其身体的禁忌性，通过接触衣物、兵器、日用品等一切财产，使得这些物品成为禁忌物，当他人碰触、损毁、偷盗这些物品时，便会立即遭受冥罚，惹上疾病等恐怖的灾难。而且，由于原始社会并无铁制刀刃，即便是看似简单之物件，在制作上也需消耗巨大的劳力与时间，数量极为有限，其贵重程度是当代文明人难以想象的，因此与占有相关之禁忌的保护作用十分有益。

在设定物体的禁忌上，采取先到先得之方式，物体归属于手快之人，不允许其他人有所侵犯。这种设定方法有三种，分别是宣言、标示与接触。例如，国王、酋长、僧侣、贵族等人拥有设定禁忌之特权，他们只需宣布该物品归己所有，或者附加标志，又或者加以接触，便可赋予该物品禁忌性。若有人偷盗、损毁、接触甚至观视，该侵犯者便会立即遭受神罚而死亡，或者身患恶疾、突然失明等。此信念在百姓心中根深蒂固，因此对禁忌之恐惧甚于水木刀锯之刑，在保障物品之占有、使用、收益上效果极佳，不劣于文明国家通过法律保护所有权之效果。而且，禁忌的设定者看到禁忌的侵犯者侵犯自身利益，自然怒不可赦，往往不需要等到神明惩罚，自己便会进行复仇之制裁，或是严加鞭笞，或是直接处以死刑。在新西兰的毛利族中，禁忌的侵犯者不仅要遭受神罚，还会引来皮肉之苦，甚至杀身之祸，其所有品也会被邻居任意掠夺一空。由此可见，侵犯禁忌之行为人神共愤，侵犯者会失去社会权力者之保护，成为所谓的法外人（outlaw），这便成为宗教制裁转变为法律制裁之端绪。

在马克萨斯群岛（Marquesas Islands），禁忌乃土地所有权产生之原因。在岛上，禁忌属于神意，由僧侣来进行启示，因此，僧侣便利用此权力在土地上设定禁忌，使之成为自家世袭且不可侵犯之财产。其结果便是禁忌创造出地主阶级的贵族，而僧侣以外的一般百姓则通过渔业等其他劳作度日。（Frazer, Psyche's Task. pp.18–20.）

通过标示设定禁忌使之成为物品专有保障之习俗，在一些半开化文明的民间最为盛行。虽然一一标示令人不胜其烦，但在萨摩亚群岛上盛行的习俗，便是这样一个显著之例。根据特纳在《萨摩亚志》之记载，萨摩亚人最著名的禁忌有五种，均通过标示来设定。第一种是"毒鱼的禁忌"，为了保护芒果，当地人用椰叶做出毒鱼形状，悬挂于果树上，表示该树乃禁忌物。因为当地人相信，违犯禁忌而偷摘果实之人，在大海中必会被毒鱼刺伤而亡。第二种是"白鲨的禁忌"，用椰叶做成白鲨形状，高挂树上，以此警告人们，偷盗果实者，会成为鲨鱼之食饵。第三种是"横木的禁忌"，人们在果树下放置一根横木，表示盗取果实者会全身长恶疮，最后溃烂而死。第四种是"溃疡的禁忌"，人们把贝壳埋于地下，在地面用芦苇编织出头颅的模样，以此作为禁忌之标示。倘若有人挖出有此标示的地下物时，便会浑身长疖子。因为当地人有上述迷信，所以当盗挖禁地之物品者日后突生疖子，便惊恐不已，要到禁忌设定者面前自首，哀求消除禁忌。如果设定者愿意赦免，便给对方草药，以此作为赦免之凭证。第五种是"雷的禁忌"，人们用椰页编成方形的席子，再绑上白布幡，挂于树上，凡接触该树木者或其子女，会因冥罚遭雷击而亡。（G. Turaer, Samoa. pp.185–188.）这样的禁忌标示，恰如日本人贴防盗之护符于大门，或者立稻草人于稻田，目的相同，且效力极佳。但是，日本现今盗贼毫无信仰之心，鸦雀亦无惧弓箭，因此仅靠禁忌标示来保护货财、谷物已远远不够。然而，那些半开化文明的民族却不同，全民皆被迷信支配，恶人也被迷信之绳索所束缚，因此，他们对冥罚之恐惧，远比刀枪之威慑有效。

在马来群岛，一般都有通过禁忌标示保护果树之习俗。例如，在帝汶岛（Timor），当人们把椰叶作为禁忌（pamali, pomali, pemali, 或者为poso, potu, bososo）标志立在果树园、菜园当中时，该土地便成为禁忌物，贼人因恐惧冥罚，便不敢踏足入内。在安波那岛（Amboyna），人们在壶上划出白色十字形，将壶悬挂于果树树枝上，那么偷吃果实者便会得癞病。若在树下放置一个类似老鼠形状之物，那么该树便成为禁忌物，犯禁者的鼻耳处会出现类似老鼠咬过之痕迹。在塞拉姆岛（Ceram），禁忌之设定方法，是将猪颚骨高挂树枝上，犯禁者会被野猪撕咬。若禁忌标示为鳄鱼形状，那么犯禁后果便是葬身鳄鱼之腹；若为蛇形，则会被毒蛇攻击；若为猫形，则怀着盗意靠近该树木者便会感觉胃肠疼痛，好似猫在抓挠；若为燕子形，则贼人眼睛会剧痛，仿佛燕子被啄食。以诸如此类的禁忌设定方式来保护果树之例真是不胜枚举。（Frazer, Psyche's Task. pp.24–25.）

关于马达加斯加的禁忌，吉纳普（Gennep）之研究最为详密。吉纳普概述了财产权之起源，认为财产在原始时期均带有宗教性。因此保护财产之方法，在原始时期也带有宗教色彩，禁忌之标示便是所有权之标示。（Gennep, Tabou et Totémisme à Madagascar. p.184.）在岛上，要赋予外物神圣的性质，就必须做出有形的标示，通过此法，外物方才享有不可侵犯之性质。换言之，在岛上，一切物体之使用皆为事实上的关系，人们不过是通过自己的智力或体力来占有外物，智力或体力优于他人者，便可恣意掠夺他人之所有物，即便自夸智勇过人，也无人敢责怪。因此岛上的社会尚未存在盗窃罪名，唯有被害者之复仇而已。在这样的社会里，与文明社会中所有权相当者，唯有禁忌之保护而已；与财产相当者，唯有禁忌物而已；与盗窃罪相当者，唯有侵犯禁忌之行为而已。因此，在仅凭信念得以维持之社会中，物体禁忌便等同于法治社会中之所有权。

在马达加斯加，禁忌之习俗与公认偷盗之习俗对立存在，这是解释禁忌是财产权之起因最为恰当的例子。盗窃是对财产权的绝对否认，因此，盗窃与财产权乃水火不容的正反面观念。而且，在马达加斯加，公认盗窃的种族颇多，其中在中南部的萨卡拉瓦（Sakalava）、马哈法利（Mahafaly）、西部的巴拉（Bara）等部族中，盗窃在道德上及宗教上被大众所承认，在此习俗氛围下，全族皆以偷盗为业，族人之间相互窃取谷物、家畜，不仅无人以此为恶，反而认定其为智者之行为，许多人将偷盗作为发家致富的最佳手段。萨卡拉瓦人将偷盗品视为上帝"安卓利亚纳纳哈利"（Andriananahary）之馈赠，当儿童偷盗被发现时，大人会加以斥责，但并非责骂其行为有罪，而是在惩罚孩子因偷盗方法拙劣导致败露。这种斥责，不过是一种教育方法，使子孙钻研偷盗的巧妙手段。（Gennep, Tabou et Totémisme à Madagascar. pp.185，186.）

在众人皆认可偷盗，且认为偷盗成功乃神明加护的社会，完全不可能存在财产观念。在此蛮习存在期间，由于利益冲突，各人相互猜疑畏惧，社会成员之间的团结便脆弱至极，纷争不绝，该社会必不得长久。然而，倘若在如此无财产状态中，产生外物持续使用的相反习俗，那么便可使社会免于崩坏，也可使物质之进步徐徐向前发展。而且，由于公认偷盗之习俗被视为神明加护，因此，可以与之抗衡并加以抑制者，也必须是有神明加护之习俗。

禁忌是基于神意的习俗，违犯禁忌者应受冥罚，因此，即便是在马达加斯加这样偷盗横行的国家，由于禁忌习俗之存在，社会上势力阶级的财产便通过禁忌得到等同于所有权的保障，此习俗逐渐普及，社会便可免于陷入全无财产之悲境中。

在上述蛮习盛行之社会中，寻常财产可悉数称为盗窃之目的物，为了使财产免遭盗贼的毒手，主人必须在物体上设置明显表征，令该物体的禁忌性一目了然。基于该原因，在马达加斯加，禁忌的设定方法几乎全是标示。

马达加斯加岛上最常见的禁忌有四种，分别为通行的禁忌、果实专有的禁忌、边界的禁忌以及动产所有的禁忌。要标示通行及果实专有的禁忌时，寻常方法便是在长竿上绑上一捆干草，然后立在地上，这种方法被称为"Kiady"，意为"立竿禁止"。当该禁忌标示竖立于地面时，该土地便成为禁忌地，不许他人通行，地里所长蔬菜瓜果也悉数成为禁忌物，不许他人盗取。边界的禁忌是用土墙、栅栏、围墙等方式圈出一个区域，区域内的土地便是禁忌地，他人不得侵入。该区域的土墙、栅栏、围墙等物，不仅是事实上的防入侵障碍物，也是精神上的障壁。

至于动产，尤其需要标记出任何人皆可轻易识别的记号，以此提醒众人禁忌物之性质。一般器具上要做出从外部便一目了然之标示，防止被盗。动产中最易被盗且最易与他人之物混淆者便是家畜。因此畜牧民族通常都在家畜身上做记号，以便区分。在马达加斯加这样偷盗成风的国家，最有必要将家畜设为禁忌物，因此标示家畜的禁忌方法亦最为发达，或是在身上烧一烙印，或是切掉一只耳朵，种种符号同时也成为禁忌的标示。偷窃有禁忌符号的家畜及其他动产者，毋庸置疑，必然会受到宗教上之冥罚，但是被盗的受害者并不会因为贼人遭天谴而压抑怒气，从此不闻不问，这不是人之常情。因此，无论是贼人现场被抓，还是数日后才贼行暴露，受害者必然会施加报复，即便不报复，也会要求一定赔偿。例如，萨卡拉瓦人不将盗窃寻常家畜的行为定罪，然而，倘若偷窃的是有禁忌符号的牛，则偷一赔十。而偷盗并更改禁忌符号，等同于擅自解除禁忌，使禁忌物成为偷盗的目标，该罪名重于单纯偷盗，盗窃一头牛并更改其身上禁忌符号的贼人，需要支付四十头牛的罚金。（Gennep, Tabou et Totémisme à Madagascar. ch. XI.）这个习俗，明显展现了宗教惩罚转变为法律惩罚之过程，由此可知宗教上之禁忌进化为法律上之所有权的路径。

上述种种事例足以证明，在半开化文明的民族中，外物的持续占有通过禁忌习俗得到保障。吾将禁忌视为半开化民族产生所有权观念之一大原因，但同时也必须特别申明，此习俗并非所有权发生之唯一原因。一切财产权之基础都在于人类生理上之需要，因此，所有权之起因发于人类对生产资料的欲求，在个人需要与他人共存之情况下，在生存竞争上要安全地占有自己欲求嗜好之物，防止他人掠夺，这种心理状态使得人类要采取占有及防护物体的方法。当所有物被盗时，人们便忿恨不已，意欲报复，由此产生因恐惧他人报复而不敢侵犯之风俗。至社会组织稍有整备，面对共同生存者之间的利益冲突，人们便采用以社会力进行调和的种种方法，历经几代变迁后，最终确立财产权之观念。因此，不一定仅依靠禁忌习俗便能产生财产权观念，但是，禁忌通过基于强大信念的忌讳赋予某些物体不可侵犯性，依靠人们对超自然力制裁之恐惧而得以维持，由此便可明确得知，禁忌是所有权观念形成过程中最强有力之原因。

第五章　禁忌与刑法

　　禁忌是行为的消极规范，违禁者必蒙恶报，在根本上与刑法同性质。而且，其恶报来自超能力，人们恐惧恶报之心理强制力乃实施规范之保障，在该点上，两者亦趣旨相同。只是前者的超能力是超自然力，而后者则是超个人力，唯有此处两者有所差异。前者所谓的超自然力存在于各人信念之中，并非实际之客观存在，只是主观存在。而后者所谓的超个人力便是公权力，是存在于国家首长及其他机构中之客观存在。两者均对人类有规避、禁止某种行为的心理强制力，但原始民族对于犯禁所产生之灾祸恐惧殊甚，这种心念对于笃信迷信的民族而言，越发强化禁忌之威力，由此产生的行为规范效力，反而远胜文明国家之制裁法律。在原始社会中，并未存在检举罪行的警察机构，审判罪犯的司法机构亦未具备，因此，能保障人民行为之相关规范顺利实施者不是警察，不是刑法，亦不是法院，而是众人脑中之信念。而且，此信念是对犯禁后灾害必至的确信，其迷信之威力，远大于人为规定且有望苟免之刑罚。禁忌的制裁属主观范畴，不外乎是自己内心恐惧的苛责，却自以为遭受了神灵、鬼怪以及其他超自然力的冥罚，因此对他们而言，这是主观且他动的制裁。在盛行禁忌习俗的民族中，由于该信念极为强大，使得犯禁者被自己的心魔所折磨，从而实现迷信的制裁，犯禁者或是罹患重病，或是苦闷而死，进一步强化了超自然的制裁力。

上述制裁，虽然在主观上是他动，然实际上却是自动。违犯禁忌之行为中，报应不仅针对犯禁者一人，也时常直接使他人受到损害。在这种情况下，犯禁者不仅要独自承受幽冥的责罚，通常还须同时接受来自被害者或者亲族、族人、首领等人的现实的报复性惩罚。在受罚者看来，该制裁也属于他动。例如，当有人侵犯酋长、宗教领袖等人的禁忌时，酋长等人会因尊严受到侵犯而发怒，无须神明责罚，便会亲自对其施以笞刑或死刑。此外，人们相信，由于违犯禁忌，神灵作祟会使全族蒙灾。例如，在神圣河流中投掷污物便会恶疫流行，或者遭受干旱，五谷不登。此时，全族人便会对破戒者进行报复式的责罚，或是流放，或是献上活供品，谢罪于神，以免灾祸。人们也相信，违犯禁忌会令灾祸殃及违禁者亲属，为此，亲属也会因憎恨而严惩违禁者。即便违禁后之灾祸只降临于一人，不会波及其他人，但触犯禁忌者也会被族人嫌弃，或是必须接受处罚。于是，禁忌的制裁从神秘走向现实，因此禁忌的规范也不仅仅有宗教性质，还具备社会性质上的法律本质，其制裁也不完全只是宗教性质，而是具备社会性质，并发展为国家制裁的刑罚本质。

在中国法系中，接近禁忌之法律中最著名者，便是《卫禁律》。从荆轲事件中便可得知，帝王宫殿严禁擅入，自古以来便有严格制度。但将相关法规汇集为一篇律文者，则是贾充的晋律，称为《宫卫律》。至北齐，改称为《禁卫律》，至隋朝，又更名为《卫禁律》，唐律袭用，日本中古律因效仿唐律，也采用此《卫禁律》。《卫禁律》规定了针对侵犯太庙、山陵、宫殿、宫苑、车驾等罪名之刑罚，即在接近禁忌上添加了法律制裁。例如，唐律《卫禁律》中有如下一文：

> 诸阑入太庙门及山陵兆域门者，徒一年。
>
> 诸阑入宫门，徒二年。
>
> 诸于宫殿门，无籍及冒承人名而入者，以阑入论。
>
> 诸车驾行冲队者，徒一年。

日本中古之《卫禁律》，从残篇推断，几乎原样继承唐朝之规定，只是与唐律相比刑罚普遍减轻。例如，上文中侵犯车驾之罪名，刑罚为杖一百。而且，《卫禁律》保护君主之不可侵犯性，在各律中最为重要，置于总则的名例律之后，成为各特殊律之首篇。《唐律疏议》中有如下说明：

> 敬上防非，于事尤重，故次名例之下，居诸篇之首。

在英国法中，一切刑事诉讼皆以国王为原告，以"国王对某人"（Rex V. John Doe）之形式起诉。这是因为所有犯罪在最初均侵害了接近禁忌中的"国王的治安"（King's peace）。刑事起诉状（Indictment）之格式由三部分构成，分别为"起文"（Commencement）、"本文"（Statement）、"结文"（Conclusion）。"起文"记录法官管辖地与大陪审员的起诉申告，"本文"记录犯罪事实，"结文"记录"本文"所载事实为犯罪之理由，而且其中必须记录扰乱"国王的治安"的要点。例如，下文中所摘录的起诉状例文中，"Middlesex"以下为起文，"John Styles"以下为本文，"against the peace"以下为结文。一切起诉状必须以"against the peace of our Lord the King, his crown and dignity（危害皇帝陛下的治安，冒犯皇位及尊严）"作为定式。普通法（Common law）是自古以来的习惯法，依照普通法定下的罪名，只需写上"危害国王的治安"。但之后依照成文法所定之罪名，在"皇帝的治安"等句之基础上，则规定要添加一句"against the form of the statute in such case made and provided（违反与此相关的法律条文）"。下文盗窃罪起诉状便可作为一个范例：

> Middlesex to wit: The jurors for our Lord the King upon their oath present tha Jonh Styles, on the first day of June, in the Year of our Lord 1900, three pairs of shoes, and one waistcoat, of the goods and chattels of John Brown, feloniously did steal, take, and carry away; *against the peace of our Lord the King, his crown and dignity.*

美利坚合众国的起诉状与之类似，格式上多写有"against the peace and dignity of the State or commonwealth（违反州或共和之治安及尊严）"。这是效仿母法英国法，继承了所有犯罪都是扰乱"国王的治安"之观念。

在英国等国家，登记着危险人物、惯犯、禁止对敌交易者，以及具有犯罪可能的注意人物之住所、姓名的账簿，被称为"黑名单"（Black list），是警察监视之秘典。而因纽特人也有一个迷信的黑名单，违犯禁忌者会被奇怪黑影缠身，该黑影虽然常人肉眼不可见，但药师与动物却能一眼看见，因此，违禁者一旦外出狩猎，鸟兽鱼类便因恐惧该黑影而仓皇逃去，于是违禁者便一无所获，进而全族陷入饥馑之困境。但是，倘若禁忌的破戒者愿意忏悔，举行除灾仪式，公开自己的罪行，那么罪孽便会消除，全族便可恢复到收获猎物之状态。如果出现狩猎捕鱼无收获之灾难时，始作俑者的犯禁者却迟迟不出来自首，那么药师会召集民众，施展仙术来查出犯人，随后将其处死，或者施加其他惩罚，令罪孽消除，使社会恢复常态。（Goldenweiser，Early Civilization. p.38.）

　　上述因纽特人的习俗，可显示出禁忌的自动制裁转变为法律的他动制裁之过程。违禁者迷信的良心谴责、对灾害的恐惧，是禁忌的第一保障。但是若无人自发举行除灾的忏悔仪式，那么公开的权力者药师便会查出犯人，对其施加制裁。当这样的社会公权组织有所发展，预言家、药师等人之权力开始政权化之时，其制裁也随之逐渐变得法律化。

附 录

附录1　旧版《禁忌与法律》摘录

本论　第五　禁忌与刑法

　　禁忌是行为之禁讳，其基础是违禁者必蒙受灾祸之信念，因此，恐惧制裁的念头在深陷迷信的民族中强化了禁忌之威力，其作为行为规范的效力，远胜文明国家的制裁法。原始社会并无检举犯罪的警察机构，也不具备审判犯人的司法机关，因此，能保障人民行为相关规范顺利实施者不是警察，不是刑法，也不是法院，而是众人脑中之信念，是对犯禁后灾害必至的恐惧。而且该迷信之威力，远大于秋霜烈日之法、刀锯斧钺之刑。

　　禁忌的制裁便是恐惧的信念，触犯视听言行的禁讳者，现世或来世必遭受冥罚。例如，观视神体、神器、国王者，会立即失明，擅入神殿、禁苑等禁地者，会身体麻痹无法动弹，触犯其他禁忌者，或是残疾，或是罹患恶疾，或是丧命，或是灵魂下地狱，通通都是蒙昧的人们发挥想象创造出的冥罚必至的迷信。如此冥罚原本只存在于各自信念中，禁忌的制裁属主观范畴，不外乎是自己内心恐惧的苛责，却自以为遭受了神灵、鬼怪以及其他超自然力的冥罚，因此对他们而言，这是主观且他动的制裁。在盛行禁忌习俗的民族中，由于该信念极为强大，使得犯禁者被自己的心魔所折磨，从而实现迷信的制裁，犯禁者或是罹患重病，或是苦闷而死，进一步强化了超自然的制裁力。

上述制裁，虽然在主观上是他动，实际上却是自动。违犯禁忌之行为中，不少报应也直接使他人受到损害。在这种情况下，犯禁者不仅要独自承受幽冥的责罚，通常还须同时接受来自被害者或者亲族、族人、首领等人的现实的报复性惩罚。在受罚者看来，该制裁也属于他动。例如，当有人侵犯酋长、宗教领袖等人的禁忌时，酋长无须等待神明责罚，便会亲自对其施以笞刑或死刑。此外，人们相信，由于违犯禁忌，神灵作祟会使全族蒙灾。例如，在神圣河流中投掷污物，便会恶疫流行，或者遭受干旱，五谷不登。此时，全族人便会对破戒者进行报复式的责罚，或是流放，或是献上活供品，谢罪于神，以免灾祸。人们也相信，违犯禁忌会令灾祸殃及违禁者亲属，为此，亲属也会因憎恨而严惩违禁者。即便违禁后之灾祸只降临于一人，不会波及其他人，但触犯禁忌者也会被族人嫌弃，或是必须接受处罚。于是，禁忌的制裁从神秘走向现实，因此禁忌的规范也不只有宗教性质，还具备社会性质上的法律本质，其制裁也不只是宗教性质，也具备社会性质，并发展为国家制裁的刑罚本质。

依据上文内容，禁忌的制裁可分为两类：宗教制裁、法律制裁。

宗教制裁是禁忌固有之制裁，基于人们的信念，破戒者会遭受超自然力的冥罚。例如，在波利尼西亚群岛，病死是最普遍的破戒冥罚。该岛上最盛行的信念，便是犯禁者会因神罚而全身水肿而死。他们认为，名为"atuas"之恶神会进入破戒者体内，蚕食其生命。在汤加，人们相信破戒者会葬身鱼腹，因此，当出现破戒行为却不知破戒者是何人时，当地习俗是将嫌疑人扔入大海，以此决定其是否有罪。

法律的制裁是国王等权力者对破戒者施加的俗界惩罚，因区域不同，其种类严宽亦不同。例如，在夏威夷，国王设立禁忌的监视官，监视官掌管岛上励行禁忌之事务，倘若发现破戒者，悉数处以死刑。在其他岛上，制裁并非如此严峻。例如，在斐济岛，除奴隶外，一般极少会处死破戒者，通常只处以掠夺惩罚。所谓掠夺惩罚，就是允许族人任意掠夺破戒者之财产，通常称为"muru"。在该习俗中，破戒者失去一切所有权，一旦族人得知出现破戒者，亲戚朋友便会争先恐后地涌入破戒者家中，随意掠夺财物，直至破戒者家中空无一物。因为有"muru"习俗，在新西兰，财产之转移颇为频繁。

禁忌的制裁，最初多是自动且带有宗教性的，之后才逐渐演变为他动。在他动制裁中，僧侣、女巫等人下达之责罚，尚可视其为宗教性质，但酋长、族人等世俗权力者下达之责罚，则可视为法律制裁。因此，当社会发展到具备政治组织之程度时，针对犯禁行为两种制裁并行，但在最初，宗教制裁之效力远在法律制裁之上。汤姆森在论述新西兰毛利族（Maoris）之禁忌时说过："违禁者人神共罚。后者罚其病或死，前者将其处以死刑、没收其财产或流放。而且维持禁忌之效力，并非存在于对人之恐惧，而是对神之恐惧。人之目尚可欺，神之目不可欺。"（A. S. Thomson, The Story of New Zealand, i. 103.）然而，随着原始社会开始具备政治组织，法律制裁也随之增多，最终禁忌由宗教的禁讳转变为法律的禁讳，其制裁也从宗教惩罚转移为法律惩罚。

美拉尼西亚群岛与波利尼西亚群岛不同，人们不会对违禁者做出宗教制裁，只让违禁者对受害者进行赔偿。大概最初该岛也与其他岛屿相同，存在宗教惩罚，只不过最后仅遗存法律惩罚。

此外，针对犯禁行为举行除灾仪式便可免除冥罚。例如，针对污秽之行为，一般的除灾仪式便是被濯、洒水净身等，人人互相效仿，便将此仪式推广至污秽禁忌之外的诸多破戒情况，最终一切破戒皆可通过除灾免除冥罚。而且，人根据自己的肖像来塑造神明，因此也认为神与人一样具备感情，便向神祷告谢罪，乞求赦免冥罚。在部分民族中，人们为了赎罪，向神明供奉衣食等财物，以平息神怒。此外，向神明祷告、乞求宽恕其罪时，也须向僧侣等祈祷者馈赠物品，乞求禳灾。同时，若触犯首领之禁忌，必须向首领献上物品，以乞求宽恕。如果因触犯禁忌而给他人造成损失时，通常要向被害者赠送物品进行赔偿，以免去报复性责罚。因此，针对违禁行为之制裁，不只成为刑事制裁之原因，同时还是民事制裁之原因。例如，在萨摩亚岛上，人们迷信犯禁便会生疖子，因此，当破戒者身体生疖子时，便惊恐万状，跑到被害者面前自首，赠赎罪品以谢罪，被害者便给他除灾之药草。从该习俗中可看出民事损害赔偿之端绪。

日本古俗中之祓，在禁忌除灾仪式中最为普遍，可作为南洋诸群岛上盛行之仪式之典范。据贺茂真渊《祝词考》与本居宣长《大祓词后释》之记载，所谓祓，是丢弃污秽物以洗去身上污秽、献上赎物做祓具[1]的三种方式的通称，最知名之例，便是伊邪那岐命自黄泉国归来，意欲洗净秽浊，在筑紫国的橘小门将身上之物悉数丢弃，沐浴身体，祓除不详；还有须佐之

---

[1] 祓具：大祓仪式上用来赎罪之物。——译注

男命[1]背负着千座置户[2]被驱逐的故事。此后，祓成为祭祀与政治之大事，在每年六月及十二月的末日，朝廷惯例要举行大祓，解除官人的"过犯诸罪"。其他时候则不定期举行大祓，或者令各国举行大祓。在任何一场大祓中，按惯例均要献上赎物做祓具。大祓有时也写作"大解除"，意为祓清一切罪行，解除其责罚。在触犯禁忌的情况下，通过类似的方法解除责罚之习俗，在原始民族中广为流行。

所谓赎物，《公事根原》解释为"赎身上灾祸之物"。伊势贞丈曾说过：

> 为祓清身上之罪，以任何之物代此身，课其物罪科，祓除弃之，称代身之物为赎物。昔有赎铜，当重罪之人行重刑罚时，若出铜，其刑轻行，与赎物同义。

可见赎物不限为何物，《日本书纪》神代卷一书中，记载素盏鸣尊为祓清罪孽，拔除手脚指甲作为赎物。根据《延喜式》记载，御舆形[3]、金人、银人、翁等都可做赎物，其他也有马、

[1] 须佐之男命：即素盏鸣尊。——译注

[2] 千座置户：摆放在很多台上的祓物，宗教上用以赎罪。——译注

[3] 御舆形：做成车轿形状的祓除道具。——译注

器具、衣物等。也可做人偶代替自己。时至今日，在夏越[1]、师走[2]的被仪式上，将做成人偶之纸片在身上擦拭，随后添钱丢弃，便是为了除被。

大被是为被清诸天罪、国罪而举行。根据本居宣长之解释，"都美（つみ）[3]"是"都々美（つつみ）"之缩略，"不仅局限于人之恶行，凡病、诸祸、秽事、丑事等世人所憎恶之事，皆为都美（即罪）"。因此大被词中所举之罪名中有秽、奸、灾、恶行四种，任何一种皆可通过宗教的除灾仪式得到解除。而且，为了被清罪孽，原先作为被具，须献出赎物，尔后逐渐产生赎罪金等财产刑与民事赔偿之法律，若罪大恶极，则国家要处以其他刑罚。本居宣长在《大被词后释》中论述刑与被关系的一节文字，恰如其分地展现了宗教制裁与法律制裁的分化途径，在比较研究方法尚未兴起之当初，采用如此见解，足以显示本居超凡之学识。原文如下：

余尝细思，上古所治之诸罪中，有刑与被，而应刑之罪与负被之罪有何异？所异者，曾见重则刑，轻则被。亦

---

[1] 夏越：六月驱邪，日本的祭典仪式之一。——译注

[2] 师走：腊月。——译注

[3] 都美（つみ）："罪"的意思。——译注

曾见宥其重刑，使负重袚。又曾见不论轻重，只依罪色，或使负袚。又，与神事相关之罪，虽重亦为负袚。又，虽非神事，但为神之祟，其罪亦同。此等事，考史记上古之迹便可知。然，虽为此大袚中所举之条目，诸罪中，若非应刑之罪，则必为各类应袚清之罪。世事变迁，刑愈固，而袚则渐少，至中古，袚法仅用于神事。至后世，神事亦绝负袚之法也。

大袚词中之天罪，有畔放[1]、沟埋、樋放[2]、频莳[3]、串刺[4]、生剥、逆剥、屎户，国罪有生肤断[5]、白人[6]、胡久美[7]、犯己母罪、犯己子罪、犯母与子罪、犯子与母罪、犯畜罪、昆虫灾、高津神[8]灾、高津鸟灾、畜仆志[9]、蛊物[10]为罪。如本居宣长所说，上述罪名虽可分成秽、奸、灾、恶行四种，但从袚之目的

[1] 畔放：破坏田埂。——译注
[2] 樋放：破坏灌溉用水路。——译注
[3] 频莳：在别人已经播种之后，再次播种，妨碍谷物生长。——译注
[4] 串刺：用铁扦子扎别人的土地，并占为己有。——译注
[5] 生肤断：使活人的皮肤受伤流血。——译注
[6] 白人：肤色为白色的人。——译注
[7] 胡久美：生瘤。——译注
[8] 高津神：高飞天上，给人类带来灾难的神。——译注
[9] 畜仆志：杀死家畜。——译注
[10] 蛊物：向神灵祈祷降灾的法术。——译注

来看，它们的基本观念皆为秽。《贞观仪式》之大尝祭中的"预秽恶事"之注释写道："祓词所云，天罪国罪之类，皆神之所秽所恶也。"本居宣长解释为"祓之要，不以恶行为主，以秽为第一罪"（《大祓词后释下》），可谓切中肯綮。

天罪、国罪至后世皆成为刑法罪名。天罪中之畔放、沟埋、樋放、频莳、串刺皆是侵犯土地所有权、危害耕作之行为，在后世刑法中，作为侵害财产权之罪及侵害农业之罪，须受到处罚。犯己母罪、犯己子罪、犯母与子罪、犯子与母罪、犯畜罪在后世刑法中，则成为奸淫罪及有害风俗之罪。其他如为蛊物罪，在半开化国家作为诅咒罪须被严惩。唯有白人、胡久美、昆虫灾、高津神灾、高津鸟灾，原本便不是禁忌，只是作为触犯禁忌之结果而使全族蒙受灾祸，因此，有修祓解除之目的，却不成为后来刑罚之目的。

神祇令之集解中引用的延历二十年五月十四日之官符，显示出当时祓与刑法并行，罪重者已依刑律处罚。此官符以触犯禁忌之情状为基础，制定祓具之种类及数量，大祓之赎物有二十八种，上祓之赎物有二十六种，中祓之赎物有二十二种，下祓之赎物有二十二种。文末写道：

　　其殴伤若重者，祓净之外，依法科罪，斋外斗打者依律科决，不在祓限。又祝祢宜等与人斗打，及有他犯事，须科决者，先解其任，即决罚。神户百姓有犯失者，行斋之外，决罪如法，云云。

由此可知，当时犯禁之行为不仅是对神祇之亵渎，也是对国家犯罪。

正如上文所述，蛮民将犯禁视为污秽行为，个人丑行会使污秽殃及全族，因此，神灵把对个人犯禁之惩罚波及至有此污行之种族及土地，个人的犯禁之举使得全族蒙受灾害。人们由此产生新观念，犯禁不只是冒犯神灵之举动，同时也会给社会带来灾难之行为。从《利未记》里耶和华之神嘱中便可得知，犹太人亦有此信念，个人犯禁，却给全族及土地带来污秽。耶和华告诫摩西，近亲交配、通奸等种种奸淫罪必须严禁，原文如下：

在这一切的事上，你们都不可玷污自己，因为我在你们面前所逐出的列邦，在这一切的事上玷污了自己。连地也玷污了，所以我追讨那地的罪孽，那地也吐出它的居民。（《利未记》十八章二十四节以下）

在索福克勒斯之诗篇中，忒拜的俄狄浦斯王（Oedipus）因为杀父娶母，王国中草木枯萎，恶疾流行，人畜均不产子，国民因恐惧神谴，纷纷外逃，致使全国土地荒废，竟成无人之乡。德尔菲之神谕显示，若不废除并流放国王，便无法免去亡国之灾难。由此可知，在古希腊，弑亲、近亲通婚等恶行，会因受到神罚而使灾难遍及全国。（Sophocles, Oedipus Yyrrannus. 22 et seq. 95. et seq.）在古罗马，克劳多斯皇帝（Claudius）时期，曾发生一起贵族娶姐妹之事件。之后丈夫自杀，妻子被流放，克劳多斯皇帝命人在狄安娜女神（Diana）之圣林中举行除灾仪式。因为狄安娜女神专司农作物之丰收与人畜之繁殖，罗马人唯恐近亲结婚触犯神威，从而导致国内五谷不登、生民绝迹。（Frazer, Early History of the Kingship. pp.13. et seq. 17.）据爱尔兰之古传说所载，三世纪时，国王娶姐妹中之一人后，饥馑、疫病等灾祸频发，于是贵族便将原因归结于国王的乱伦行为。为免除灾害，他们便逼迫国王将此污秽婚姻之产物——两人之子烧死，再将骨灰撒向河川，以此被除不详。

正因为族人皆有强烈信念，个人之匪行会给全族带来灾难，因此便产生惩罚犯人以平息神怒之习俗，或是将犯人处以死刑，或是流放族外，总之，必须将灾难原因扼杀于萌芽状态。古代法律中仍存有不少此习俗之痕迹。《汉谟拉比法典》中规定，对于通奸者，要处以绞刑，后投入河中，对于母子相奸者，则处以火刑。（Code of Hammurabi, 129. 157.）《摩奴法典》规定，奸妇须在公共场合被狗啃食，而奸夫则须被置于热铁板之上活活烙死。（Laws of Manu，viii. 371. et seq.；Gautama xxiii. 14. et. seq.）摩西之法则处通奸者死刑，"将此恶事从以色列中除掉"（《申命记》二十二章二十二节）。撒克逊之古法命奸妇自缢，随后烧掉尸体，或者令同村妇人将奸妇鞭打至死，或以刀了断，而奸夫则被投入火中烧死。设置如此酷刑，皆因往日人们恐惧通奸之丑行会殃及全族。

后　论

由上述论述可知，禁忌是人类规范有制裁后果之行为的起因，法律实际上就是该原始规范之进化产物。人类之所以能够开始社会生活，是因为除了对同一祖神之崇拜，对同一图腾之认识，对同一勇者、僧侣、预言家、药师之崇敬、畏服等心理向心力之外，还有同社会成员间之男女性爱、血族间之亲情、同种族之认同等心理凝聚力。社会之向心力越强大，社会成员间之凝聚力便越牢固，换言之，社会便成为团体存在竞争中之优胜者，只有积极或消极维持此向心力与凝聚力之势力先存之后，方可期待社会有所发展。而且，禁忌便是消极维持此向心力与凝聚力之势力。针对处于社会向心力中心之主权者，通过视听言行之禁忌来维持其神圣不可侵犯性，来预防向心力之松弛，同时，又越发强化主权者神秘之权威。而对于同社会之成员，通过生命、身体、婚姻、财产等禁忌，来使其互相忌避情欲、性欲、物欲之侵害，来预防凝聚力之松弛，同时，又越发巩固人民之团结。社会只有先巩固其存在后，才可开始文化发展。因此，社会中最初发生之规范，必须具备防止社会崩坏之作用。这便是为何原始社会之规范无论是宗教性、德义性抑或是法律性，基本皆为消极作用，多数在禁止有破坏社会倾向之行为。禁忌是具有强力制裁的消极规范，具备防止社会崩坏之最佳作用。而且，在原始社会，当某一类行为之避讳通过人们的强大信念被数代人遵守时，人们便逐渐驯化出服从之习性，粗野蛮民亦逐步习惯规律生活，开始具备他日进入法治生活之素质。

　　禁忌规定应避讳之行为种类繁多，本论所载内容不过一斑而已，仅择取法律起源相关内容，以作例示。除此之外，酋长、僧侣等权力者为满足自己的欲望或嗜好，也会将某种行为定为禁忌。也有部分忌避习俗因人们恐惧天变地异之自然现象而产生。民族、地区、时代不同，禁忌亦千种万样，但禁忌能长期存在于各民族之中，不外乎是禁忌维持了社会之向心力与凝聚力。拥有此普遍性的禁忌，日后因公权力的制裁而被强行实施，并改变其范围与形态，最终成为国家之法禁。

　　幼稚的人民如同幼稚的个人，无法具有抽象观念或综合观念。因此，原始人尚无诸如善恶之抽象观念，即便待到他们稍稍具备综合能力后，最初之表达方式，也只是具体形容出道义观念。当他们想综合表达有害行为时，往往将此类行为比拟为最忌嫌之事物。污秽之事物在视觉、嗅觉上皆令人产生强烈的不快感，而且，仅凭原始人浅薄之经验也可认识到，污秽可成为疾病之媒介。尤其是疾病，他们认为是"怪物""魔神"所为，因此越发忌讳不洁，结果便是他们将最厌恶之事物通通概况为"秽物""污物""秽"。在产生道义上善恶之抽象观念之前，便以直线、曲线之形态来形容，产生如"直行"（意为正直）、"曲行"（意为歪门邪道）、"曲直"（意为正邪）等类似词汇。

前文已述，禁忌之目标事物，非神圣即污秽。禁忌之目标事物若为神圣，那么道义上便产生善之观念，法律上便产生权力或权利之观念。而污秽之观念在道义上便产生恶之观念，在法律上便产生罪之观念。而此观念发生变化，是在社会的政治组织稍有整备、公权力极大发展、法律之禁令取代禁忌的时代。

附录2 《法律进化论》自序
（《法律进化论第一册》收）

法律进化论，法之时观。法现象有静态与动势两种，论究其静态原理者，为法律静学，论究其动势原理者，为法律动学。法律进化论属于法律动学，纵向观察法律，不视其为一时之现象，而是持续之现象。换言之，一定时期内之法律，并非瞬间一蹴而就，而是由过去数个世纪之社会势力积聚而成。

著者年轻时便对此研究法怀有兴趣，意欲作为学问上之终身事业，然研究之困难与资性之不敏使得难收其效，论资之收集与断案之构成又经历几多荏苒岁月，既近颓龄，仍尚未成稿。学友诸氏怜之，劝说以分册出版法，随稿之成而渐公刊之，著者亦为此深厚友爱之情所动，一旦决意依此方法而行，便通知早已决意出版本书之穗积奖学财团。然而，难得之终身事业，最初只得断片之小册，实令人惋惜，复思之，至少第一卷应以成形之态问世，至去年秋，幸得脱稿，即为本书。

本论全部之体系，于第一卷绪论中已定，其论资亦尽己所能收集，其中，有于脱稿或近脱稿时所得之资料，有仅为第一草案而起稿之资料，亦有不少尚未到手之资料。如今年已古稀，将至老耄，全部六卷之计划中，唯有第一部上卷二册得以公刊，功程迟缓，想来生前或无法完成计划之一半，今更愧于过去之怠慢，又自悔因立法事业等不能专注于纯学术，徒叹日暮而途远。故不得已，将剩余部分不拘顺序，随稿之成而别册出版，标示出各自体系中之所属，期许可侥幸成其一卷。

本书得穗积奖学财团出资而刊行。此财团乃于明治三十九年设立，为纪念著者于东京帝国大学任职二十五年。其事业之一，便是出版拙著英文版《祖先祭祀与日本法律》之第二版及第三版、《隐居论》、《五人组制度论》及《五人组法规集》数书，今又多额出资，刊行此《法律进化论》。著者借此机会，更对财团设立者一千余名之先辈及友人诸君，表达无尽莫大之谢意。尤其决议出版拙著之财团评议员诸君，并任此事之施行，常对著者之研究寄予甚深之情。对著者多有援助之财团理事冈野敬次郎博士、山田三良博士及志田钾太郎博士，其深厚友谊，感佩于心。纪念财团之设立，已是著者身后之荣光。况且财团自设立以来，数次斥巨资公刊著者之研究成果。此实为对学者至大之友爱表露，著者能以学者之名身处如此温暖友情之氛围中，何等幸运。

附 录

在本论起草过程中，感谢先师詹姆士·布莱斯先生、亨利·布鲁内尔先生、畏友文学博士高楠顺次郎君、法学博士春木一郎君等前辈及学友诸君，时常直接或间接赐教，多有援助。其中法学士诸井六郎君作为公使长驻罗马及雅典时，因著者之恳请，亲往意大利国立博物馆，拍摄馆内之古代审判壁画以及雅典卫城旧墟，并赠予著者，判事尾佐竹猛君将多年收集珍藏的日本法律史之参考品慷慨相借，著者在此深表感谢。尤其学友植木直一郎君与著者多年深交，在本书起草上给予有益之批评以及珍贵之建议，并专注监督出版之事，因此，著者今日得以公刊终身事业中之部分、乞教于读者，皆为植木君对著者之友谊所赐。

本书起草，著者虽力求慎重，然浅识寡闻，恐结论或举证中多有谬误。庶几俟读者之严正赐教，当虚心反省。纵使老后不能得修订以公谢读者之机会，著者尚且乐得朝闻夕死。

穗积陈重

大正十三年五月中旬

图书在版编目（CIP）数据

法律进化论. 禁忌与法律 / （日）穗积陈重著；曾玉婷译. —北京：中国法制出版社，2022.1
ISBN 978-7-5216-2407-6

Ⅰ. ①法… Ⅱ. ①穗… ②曾… Ⅲ. ①法学 Ⅳ. ①D90

中国版本图书馆CIP数据核字（2022）第016716号

策划编辑　王雯汀　　　责任编辑　王雯汀　　　封面设计　李　宁

法律进化论. 禁忌与法律
FALÜ JINHUALUN . JINJI YU FALÜ

著　者 / [日]穗积陈重
译　者 / 曾玉婷
经　销 / 新华书店
印　刷 / 应信印务（北京）有限公司
开　本 / 787毫米×1092毫米　32开
印　张 / 7.5
字　数 / 172千

版次：2022年1月第1版 / 2022年1月第1次印刷
书号：ISBN 978-7-5216-2407-6　　　　　　　　定价：45.00元

北京市西城区西便门西里甲16号西便门办公区
邮政编码：100053　　　　　　　　传真：010-63141600
网址：http://www.zgfzs.com　　　编辑部电话：010-63141824
市场营销部电话：010-63141612　　印务部电话：010-63141606

（如有印装质量问题，请与本社印务部联系。）